Blanca Burri & Sabine Reber

Glücksorte im Berner Oberland

Fahr hin & werd glücklich

Dieses

Glücksbuch

ist für

Liebe Glücksuchende,

von unserer Wahlheimat im Saanenland aus, wo wir zusammen schon etliche Gipfel erklommen haben, durften wir für dieses schöne Projekt in die anderen Regionen des Berner Oberlandes ausschweifen. Mit viel Freude und Neugier haben wir von Grindelwald bis zum Kiental, vom Hasliberg bis ins hinterste Suldtal neue Menschen, urchige Berghütten und kulinarische Höhepunkte, ergreifende Landschaften mit seltener Flora und Fauna kennengelernt, ebenso wie Kulturelles.

Auf unseren Entdeckungstouren haben wir lebhaft diskutiert und uns gegenseitig inspiriert – schließlich sehen vier Augen mehr als zwei und geteiltes Glück ist doppeltes Glück! Manchmal begleiteten uns auch unsere Töchter sowie Freundinnen und Freunde auf der Glückssuche. Natürlich wurden aus unserem Bekanntenkreis auch etliche Geheimtipps beigesteuert. Ein herzliches Merci allen fürs Mitgenießen und Mitdenken!

Manchmal ging auch jede von uns allein ihres Weges. Das Berner Oberland eignet sich nämlich hervorragend für Alleinreisende. Man trifft unterwegs immer wieder spannende Leute und kommt leicht mit den Einheimischen ins Gespräch.

Gerne nehmen wir Sie mit an die Orte, wo wir unser Glück im Kleinen wie auch im Größeren gefunden haben.

Herzlich
Blanca Burri & Sabine Reber

Deine Glücksorte ...

1 **Von oben die Welt bestaunen**
Auf dem Giferspitz in Gstaad 8

2 **Paradies für Schaumschläger**
Meringues im Meiringer Tea Room Frutiger 10

3 **Herziges Bäckerei-Lädeli**
Traditioneller Boltig-Lebkuchen aus dem Simmental 12

4 **Baum und Stollenwagen**
Schreinerkunst und Kuchen im Café 3692 14

5 **Tack-zisch, tack-zisch ...**
Im Sparenmoos auf Langlaufskis abheben 16

6 **In Schräglage hinauf**
Die Niesenbahn am Thunersee 18

7 **Gletscherluft schnuppern**
Auf einen Zwetschgenkuchen in die Gaulihütte 20

8 **Champagner-Picknick**
Historisches Bad und Thermalquelle Weissenburg 22

9 **Ein Dorf der Begegnungen**
Saanen – wo der Kranich die Flügel ausbreitet 24

10 **Eigenwilliger Alpenchic**
Kulturhotel Wetterhorn auf dem Hasliberg 26

11 **Tierischer Durchblick**
In Gstaad im Stallbeizli mit Kühen schlemmen 28

12 **Sprudelnde Quellen**
Simmenfälle und Siebenbrünnen an der Lenk 30

13 **Käsbrätel in Habkern**
Restaurant Jägerstübli auf der Lombachalp 32

14 **Schwindelfreies Glück**
Spektakuläre Bergarchitektur oberhalb Mürren 34

15 **Wo der Spiezer Wein reift**
Museum und Innenhof Schloss Spiez 36

16 **Auf einen Drink mit Liz Taylor**
Nostalgie und Glamour an der Palace-Bar in Gstaad 38

17 **Kraftort mit klarem See**
Naturnahe Touristik-Tradition auf der Engstlenalp 40

18 **Essig und Knoblauch**
Bioladen „Ihr Lebenskreis“ in Zweisimmen 42

19 **Zeitreise mit Wasserfall**
Historisches Grandhotel Giessbach bei Brienz 44

20 **Wo das Edelweiß blüht**
Blütenwanderung vom Lauenensee zur Geltenhütte 46

21 **100 Meter über dem Nichts**
Spektakuläre Hängebrücke im Grimselgebiet ... 48

22 **Prosit bei der blauen Kuh**
La Vache Bleue in Saanen ... 50

23 **60 Rätselzeichen für Sherlock**
Sherlock-Holmes-Museum in Meiringen ... 52

24 **Natürliches Muskelwohl**
Wohltuende Murmerli-Salbe von puralpina ... 54

25 **Voralpengipfel mit Aussicht**
Ein Türli aufs Walighürli ... 56

26 **Unterwegs mit der Baronin**
Bonstettenpark mit städtischem Flair in Gwatt ... 58

27 **Kaffee auf zwei Rädern**
Gemütlichkeit im Velo Café in Interlaken ... 60

28 **Höchste Berghütte der Welt**
Mönchsjochhütte auf 3.657 Höhenmetern ... 62

29 **Fondue-Plausch beim Grafen**
Verwöhnpause im Restaurant Fang in Zweisimmen ... 64

30 **Sanft in der Luft wiegen**
Das Hängemattenparadies von Thun ... 66

31 **Zauberhafte Eisfelder**
Winterwunderland Ice Magic in Interlaken ... 68

32 **Schneeschuhlaufen zum Iglu**
Vom Stockhorn aus über das Nebelmeer blicken ... 70

33 **Kunst in der Garage**
Kulturgarage in Interlaken ... 72

34 **Wo das Goldvreneli wohnte**
Im Langlaufparadies Gadmen entschleunigen ... 74

35 **Leseauszeit in Spiez**
Die schönste Bibliothek im Berner Oberland ... 76

36 **Wo die Soldanellen blühen**
Bergfrühling auf dem Weg zur Mittagsfluh ... 78

37 **Mit viel Pep**
Kaffee und Kreatives im „The Mad Cow“ in Unterseen ... 80

38 **Meditieren mit Naturtönen**
Alphornatelier in Schönried ... 82

39 **Blumenmeer mit Eiger**
Botanischer Alpengarten Schynige Platte ... 84

40 **Winterliche Skulpturenkunst**
World Snow Festival in Grindelwald ... 86

... noch mehr Glück für dich

41 **Am Ende der Welt**
Berghotel Restaurant „Zur Sau“ in Abländschen 88

42 **Chance für verletzte Vögel**
Alpenvogelpark Ischboden bei Grindelwald 90

43 **Die schönste Miss**
Älplerfest und Misswahl an der Lenk 92

44 **Der schönste Grenzgrat**
Augenzwinkernder Seeblick vom Wittenberghorn 94

45 **Weißer Pistenteppich**
Familiärer Skiplausch auf dem Hasliberg 96

46 **Steak mit Blumen**
Kulinarische Verwöhnpause auf dem Rossberg 98

47 **Aus dem Ei gepellt**
Ecocapsule in Guttannen 100

48 **Adler und Glückspilze**
Grubenberghütte in den Gastlosen 102

49 **Einkaufs-Flanierparadies**
Schöner shoppen auf der Insel Bälliz in Thun 104

50 **Kühler Schwumm**
Vom Seebergsee zum Stierenberg 106

51 **Trittst im Abendrot daher ...**
Sonnenuntergang im Hotel Meielisalp in Leissingen 108

52 **Wellness mit sieben Quellen**
Im Spa Resort Lenkerhof zur Ruhe kommen 110

53 **Stille Oase**
Das Naturfreundehaus in der Gorneren 112

54 **Hölzernes Handwerksglück**
Schule für Holzbildhauerei in Brienz 114

55 **Picknick mit Steinböcken**
Am Niederhorn lebt zutrauliches Steinwild 116

56 **Trachtenglück nach Maß**
Atelier Rieben im Simmental 118

57 **Aroma aus der Kanne**
Teeglück bei MiraTee in Thun entdecken 120

58 **Wo die Birkhähne balzen**
Mit den Rangern durchs Moor der Lombachalp 122

59 **Kneipen im Gletschersee**
Eiskalte Kraftoase am Iffigsee ob Lenk 124

60 **Mit den Libellen tanzen**
Badevergnügen in Unterseen 126

61 **Wo das Joderglöcklein läutet**
Spätgotische Kirche in Gsteig bei Gstaad 128

62 **Milchige Berg-Wellness**
Hotpot und Molkenbad auf Alp Morgeten 130

63 **Baden mit schönster Bergsicht**
Das Spa im Hotel Bellevue in Adelboden 132

64 **Fangfrisch auf den Tisch**
Felchen aus dem Thunersee in Faulensee genießen 134

65 **Narzissenmeer in Gsteig**
Frühlingsblumenfülle am Fuß des Oldenhorns 136

66 **Mit Schwung ins große Glück**
Riesenschaukel oberhalb von Adelboden 138

67 **Zeitreise mit Eigerblick**
Hotel Bellevue des Alpes auf der Kleinen Scheidegg 140

68 **Im Einklang**
Die Permakulturgärten auf der Schweibenalp 142

69 **Vogelleicht den Berg hinauf**
Mit dem E-Bike die Hänge von Mürren meistern 144

70 **Alles für Katzenfreunde**
Catlovers in der Thuner Altstadt 146

71 **Die Blumen der Erde**
Ein Keller voller Bergkristallglück in Reichenbach 148

72 **Flauschiges Wollparadies**
Im WollReich in Meiringen 150

73 **Rast mit Wasserfall**
Historisches Restaurant Pochtenfall im Suldtal 152

74 **Pulver und Schwarzfahren**
Steilpiste und Bond-Nostalgie am Schilthorn 154

75 **Erfrischung zwischen Felsen**
Die imposante Cholerenschlucht bei Adelboden 156

76 **Unter den wilden Felszacken**
Tällihütte und Klettersteig oberhalb von Gadmen 158

77 **Die steilste aller Bahnen**
In Guttannen mit der Gelmerbahn hinauf 160

78 **Gemecker ob Grindelwald**
Bei den glücklichen Geißen auf dem Steessiboden 162

79 **Historisch schlafen**
Schlafen und essen im Ruedihus in Kandersteg 164

80 **Glück auf zwei E-Bike-Reifen**
Höhenweg von der Großen Scheidegg zum Bachalpsee 166

Von oben die Welt bestaunen

1 Auf dem Giferspitz in Gstaad

Das Berner Oberland zählt zum großen Teil zu den Voralpen. Sie bestehen aus Kalkmassiven mit Gipfeln bis zu 2.500 Metern Höhe. Die Voralpen nehmen nicht weniger als zwölf Prozent der Schweizer Landesfläche ein. Ein für sie typischer Gipfel steht mitten im Saanenland und ist 2.541 Meter hoch: der Giferspitz, im Volksmund auch Giferhorn genannt. Im Gipfelbuch beim Gipfelkreuz stehen Namen aus aller Welt, vor allem aber von Saanern, die ihren Hausberg gerne besteigen. Hier liegt die Welt dem Bergwanderer zu Füßen: Matterhorn, Dent Blanche, Mont-Blanc-Massiv im Süden und der Jura im Norden zeigen sich bei guten Sichtverhältnissen. Im Tal schmiegen sich die Chalets des Nobelkurorts Gstaad aneinander. Es fällt leicht, über die Kraft der Alpen zu staunen und sich mit den Wolken wegzuträumen, die einige Berggipfel umgarnen, während die Sonne das Gesicht bräunt und der Wind das Haar zerzaust. Manchmal kann man sich das Plätzchen mit neugierig schauenden Geißen teilen, die den Sommer auf dem Berg verbringen.

TIPP
Wer auf den Giferspitz will, muss trittsicher und schwindelfrei sein.

Ausgangspunkt für diese Hochtour ist Turbach (ab Gstaad Bahnhof bis Haltestelle Post). Von dort führt der Wanderweg hinab zum Turpachbach, was eigentlich nichts anderes bedeutet als Bachbachbach. Auf der anderen Seite geht es hoch Richtung Berzgumm mit drei Sömmerungsbetrieben und über eine Matte bis zum Giferhüttli. Anschließend wird der gut markierte Weg hochalpin, weshalb Trittsicherheit wichtig ist. Felsige, zum Teil abschüssige Stellen wechseln sich mit Gras- und Blumenhängen ab. Unterhalb des Gipfelkreuzes teilt sich der Weg bei einem mannshohen Steinmandli. Links geht es weiter zum Lauenenhorn und rechts zum geschmiedeten Gipfelkreuz. Für den Abstieg gibt es zwei Varianten. Den gleichen Weg zurück nach Turbach oder zum Lauenenhorn und anschließend über die Alp Turnels ins Tal. Beim Turnelssattel gibt es sogar eine Quelle mit einem kleinen Wasserhahn extra für Wanderer. Für die erste Variante braucht man rund 5 Stunden und für die zweite etwa 7. Doch beide Touren lohnen sich und werden mit wunderschöner Aussicht honoriert!

● Giferspitz, Ausgangspunkt: Dorfladen, Turbachstraße 123, 3781 Turbach
www.gstaad.ch
● ÖPNV: Bus 182, Haltestelle Turbach/Post

GIFFERHORN

Paradies für Schaumschläger

2

Meringues im Meiringer Tea Room Frutiger

Eigentlich sind Meringues nichts anderes als Zucker, etwas Eiweiß und viel Luft. Diese Masse wird geschlagen, bis sie steif ist. Danach trocknet sie im Ofen bei 110 Grad. Wer das Wort trocknen mit backen berichtigen möchte, liegt falsch, sagt Meiringens erfahrenster Meringueshersteller Christoph Frutiger. Ihm gehört die Versandbäckerei Frutal in Meiringen, wo jährlich 40 Tonnen Zucker und 200.000 Liter Eiweiß verarbeitet werden. Er liefert die weißen Wolken in die ganze Welt. Angefangen in der Schweiz, versendet er sie auch nach Deutschland, Belgien und Frankreich. Sogar nach Japan werden sie geflogen.

In Meiringen selbst betreibt Christoph Frutiger mit seiner Frau Erika ein Tea Room und einen Verkaufsladen. Dort stehen Einheimische wie Gäste Schlange. Der absolute Verkaufsrenner ist das sogenannte Gschneuslisäckli, eine Naschtüte mit verschiedenen Sorten Meringues. Bei den Geschmacksrichtungen sind sowieso fast keine Grenzen gesetzt: Natur, Schokolade, Baileys-Kaffee, Himbeere, Zimt, Karamell. Wer es lieber exotisch mag, bestellt sich eine Meringue mit Chili oder mit schwarzem Pfeffer. Auf alle Fälle ein Genuss für den Gaumen.

TIPP

Süßer geht nicht: Besichtigungen der Produktionsstätte und Meringues backen für Kinder und Erwachsene.

Dass Meiringen der Geburtsort der Meringues ist, bleibt umstritten, was die Meiringer natürlich nicht gerne hören. Es wird vermutet, dass der italienischstämmige Koch Gasparini die Meringues im 17. Jahrhundert im ehemaligen Hotel „Zum Wilden Mann“ (heute Parkhotel du Sauvage) erfunden hat. Da Meiringen in den vergangenen vier Jahrhunderten zweimal gebrannt hat, geht man davon aus, dass dabei eventuelle Archivunterlagen zerstört worden sind. Das Museum für kulinarische Kunst in Frankfurt besaß ebenfalls umfangreiches Schriftmaterial. Es wurde im Zweiten Weltkrieg leider ebenfalls zerstört. Somit kann man es heute nicht mehr genau nachprüfen. Trotz allem gehören die Meringues zu Meiringen wie der Eiffelturm zu Paris: 1986 stellte Christoph Frutigers Vater die weltgrößte Meringue in der Größe eines VW Busses her und sicherte sich so den Eintrag ins Guinnessbuch der Weltrekorde. Aber das ist eine andere Geschichte …

- Tea Room Frutiger, Bahnhofstraße 18, 3860 Meiringen, Tel. +41 3 39 71 18 21 www.frutal.ch
- ÖPNV: ab Bahnhof Meiringen ca. 10 Minuten Fußweg

Frutal Meringues
Baileys-Kaffee
Riesen
Fr. 6.-

Herziges Bäckerei-Lädeli

3

Traditioneller Boltig-Lebkuchen aus dem Simmental

Von der Hauptstraße führt ein Gässlein ins Herz des Simmentaler Dorfes Boltigen mit seinen prächtigen Bauernhäusern. Ein Schild in leuchtendem Kobaltblau weist den Weg: Boltig Lebkuchen. Hier am Hohlenweg wird in einem kleinen, liebevoll im Shabby-Chic eingerichteten Bäckerei-Lädeli der traditionelle Simmentaler Lebkuchen feilgeboten. Diesen legendären Boltig-Lebkuchen gibt es bereits seit dem Jahr 1904 und er wird bis heute nach demselben, streng geheimen Familienrezept gebacken. Bäcker Emanuel Kammer schmunzelt: „Nicht einmal meine Frau Monika weiß das Rezept!" Einzig sein Bruder ist noch eingeweiht, der eine Zeit lang in der Backstube mitgeholfen hat. Der Boltig-Lebkuchen ist luftig und bleibt lange weich. Auch nach einem Jahr ist er bei richtiger Lagerung noch genießbar. Er enthält reine Schweizer Zutaten, alles ist so lokal wie möglich. Früher war der Lebkuchen bei den Holzfällern beliebt, die ihn als Proviant im Winter in den Wald mitgenommen haben, als eine Art Vorläufer der heutigen Energieriegel. Heute wird das Stärkungsgebäck aus dem gleichen Grund geschätzt: Es enthält viel Energie, ist leicht, praktisch zum Mitnehmen und klebt weder an den Fingern noch an den Zähnen. Als reichhaltiges Zvieri für kalte Wintertage wird er meist in Scheiben geschnitten und mit Butter bestrichen oder mit Schlagrahm kombiniert und zum Tee oder Kaffee genossen.

TIPP

Boltig-Lebkuchen passt gut zu feinem Schwarztee oder Lindenblütentee, mit Simmentaler Honig gesüßt.

Von Oktober bis März kann man den Boltig-Lebkuchen an vielen Verkaufsstellen im ganzen Berner Oberland bekommen. Den Sommer über gibt es keinen Lebkuchen, da er eine traditionelle Winterspeise ist. Dennoch lohnt sich auch dann ein Besuch in der Boltig-Bäckerei, wo ganzjährig Spezialitäten aus der Region wie Kräuter, Tee, Käse oder Honig probiert werden können. Vor allem aber werden hausgemachte Überraschungen aus der Backstube angeboten. Zur Boltig-Bäckerei gehört auch eine rustikale Stall-Bar, in der verschiedene thematische Events stattfinden, beispielsweise ein Fondue-Abend mit Käse aus der Region. Auch ein Fyrabe-Bier (Feierabend-Bier) von einer kleinen Brauerei in der Lenk gibt es hier. Wohl bekomm's!

- Boltig-Lebkuchen, Hohlenweg 236, 3766 Boltigen, Tel. +41 7 92 58 71 52
  www.boltig-lebkuchen.ch
- ÖPNV: ab Bahnhof Boltigen ca. 5 Minuten Fußweg

Boltig-Lebkuchen
M. & E. KAMMER · 3766 BOLTIGEN
WWW.BOLTIG-LEBKUCHEN.CH
+41 (0)79 258 71 52

Baum und Stollenwagen

4

Schreinerkunst und Kuchen im Café 3692

Das Wetterhorn liegt am verlängerten Arm von Eiger, Mönch und Jungfrau. Auf halbem Weg zum Wetterhorn thront die Glecksteinhütte zwischen Eismeer und Wiesen, zwischen Schafen und Steinböcken. Vor ebendieser Hütte auf 2.317 Metern spielte Bruno Kaufmann als Kind mit Steinen, Gras, Wasser und Schwemmholz. Er kraxelte in den Felswänden herum, brachte formschöne Steine nach Hause, beobachtete das Steinwild und überlegte sich, ob er wie sein Bruder Bergführer werden wolle. Nach der Lehre zum Schreiner reiste er in die USA, wo er gemeinsam mit einem Architekten eine Kunstgalerie gestaltete: ein Schlüsselerlebnis. Zurück in der Schweiz eröffnete er sein eigenes Schreiner- und Kunstatelier. Er baut Betten aus Schwemmholz und Möbel aus Altholz oder Baumstämmen. Und so ist die Idee für das Café 3692 entstanden: Bruno und seine Gattin Myriam sind seine Besitzer und sind auf dem Terrassenweg von Grindelwald zu finden. Die Zahl im Namen deutet auf die Höhe des Wetterhorns hin, auf dem sich Bruno und Myriam verlobt haben.

TIPP

Die exzellente Patisserieauswahl ist in der Vitrine am Büfett ausgestellt.

2014 eröffneten Myriam und Bruno das neu gebaute Café 3692 – Ausstellungsraum der Schreinerei und Dorfbeizli in einem. Die Bar ist eine Werkbank, der Kamin ein umgebauter Stollenwagen, einst beim Bau der Jungfraubahn im Einsatz, daneben hängt eine originale Karbitlampe und mitten im Restaurant steht ein Baum. In der Decke sind drei verschiedene Holzarten verbaut, eine davon wellenartig. Die Terrasse erinnert an die 1950er-Jahre, kombiniert mit Kunst und Sicht auf Eiger und Wetterhorn.

Hier fühlen sich alle wohl: Nachbarn, Feriengäste, junge Mütter, Senioren, Sportler und Genießer. Myriam und ihr Team umsorgen die Gäste, als wäre es eine Hütte. Einfach und gemütlich ist es, fast wie zu Hause. Die Produkte stammen aus der Region und die Karte orientiert sich an der Saison. Besonders liebevoll: Unter dem Dach gibt es einen kleinen Zufluchtsort für Verliebte. Im Zimmer mit Whirlpool sowie rundem Bett und Balkon lässt es sich bestens entspannen.

- Café 3692, Terrassenweg 61, 3818 Grindelwald, Tel. +41 3 38 53 16 54
www.cafe3692.ch
- ÖPNV: Bus 122, Haltestelle Grindelwald/Kreuzweg

Tack-zisch, tack-zisch ...

5 Im Sparenmoos auf Langlaufskis abheben

Wie eine Offenbarung liegt das Hochplateau Sparenmoos über Zweisimmen. Im Winter bringt ein Bus die Gäste hinauf. Das Sparenmoos ist ein ganz besonderer Platz für Winter- und Schneeschuhwanderer sowie für Schlittler und Langläufer. Auf unterschiedlichen Rundwegen, -loipen und Pisten können sich Schneefreunde austoben. Vor allem Langläufer kommen ganz auf ihre Kosten. Familien und Frischentschlossene testen die 45 Millimeter breiten Langlaufski im Lernpark Fuchsland. Bitte nicht entmutigen lassen, wenn man sich am Anfang etwas unsicher fühlt. Bei Slalom, Glockenläuten und Tunnelfahrt sind die dünnen Ski schnell vergessen. Danach lädt die leichte, 3 Kilometer lange Sparenmoos-Loipe zum ersten längeren Ausflug ein. Sind die Ski angeschnallt und die Sonnenbrille aufgesetzt, steckt der Sportler die Stöcke in den gepressten Schnee. Wenn er sich anschiebt, tönen nur noch Stöcke und Ski: tack-zisch, tack-zisch ...

TIPP

Langlaufski, Schlitten und Schneeschuhe können vor Ort gemietet werden.

Der Blick gleitet über das hügelige Hochplateau und über die Berner Oberländer Bergspitzen Stockhorn, Niesen und Wildstrubel. Wenn der Schnee „gängig“ ist und der Ski gut präpariert, fühlt sich Langlaufen an wie fliegen, zugegebenermaßen ein wenig anstrengender. Kaum ist man in Fahrt, kommt schon die Site-Alp in Sicht. Das Alpbeizli wird von Familie Santschi geführt, einfach, aber liebevoll. Sie serviert hofeigene Produkte wie Fondue, Raclette und Fleischteller. Nach der Auszeit führt der Rundweg zurück zum Sparenmoos, wo drei weitere, etwas schwierige und längere Rundwege warten. Die Site-Alp-Loipe ist 6,5 Kilometer lang, die Stockbrunn-Loipe 10 Kilometer und die Schiltenegg 16 Kilometer. Für die verschwitzten Sportler gibt es im Sparenmoos Gelegenheit, sich zu waschen, umzukleiden und die Toiletten zu benutzen. Zum Abschluss ist ein Kaffee im Sparenmooser Muma-Beizli fast ein Muss – übrigens ist Muma chinesisch und heißt „hölzerne Pferde“, es war vor 1.400 Jahren die erste schriftliche Bezeichnung für Skis. Wer vom Winterspaß noch nicht genug hatte, mietet sich nun einen Schlitten und saust ins Tal.

● Verein Sparenmoos Aktiv, 3770 Zweisimmen, Tel. +41 7 93 39 94 29
www.sparenmoos-aktiv.ch

In Schräglage hinauf

6

Die Niesenbahn am Thunersee

Leuchtend rot zieht die Niesenbahn von April bis November alle Blicke auf sich, wenn sie in Mülenen losruckelt. Ein Seil zieht sie auf zwei Schienen zum Niesen hoch. Die Gäste sitzen oder stehen in überschaubaren Abteilen und haben das Gefühl, der Boden sei schräg und die Sitze wären falsch gezimmert. Das ist dem Umstand geschuldet, dass sich die Steigung auf der Fahrt verändert. Erst nehmen die Sitzenden eine leicht liegende Position ein, im Mittelteil passt die Bank perfekt und später rutscht man darin leicht nach vorne. Herrlich kurios! Ein Hauch von Nostalgie breitet sich aus, wenn sich die 1910 fertiggestellte Bahn in die Höhe schraubt, wenn man hört und fühlt, wie sie arbeitet, denn der Unterbau ist original. Die erste Sektion endet in der Schwandegg, wo die Gäste umsteigen, und zwar in einen ebenso rot leuchtenden Wagen, der sie bis auf 2.336 Meter bringt. Nach dieser dreißigminütigen Fahrt, die allmählich den Blick auf das Kandertal und den nahen Thunersee freigibt, lohnt sich die Einkehr ins Berghaus Niesen Kulm. Hier kann man sich etwas an die Höhe gewöhnen.

TIPP

Für Wanderer lohnt sich das Wanderbillet: drei Sektionen fahren, eine Sektion wandern.

Der Niesen ist auch als Kulturberg bekannt. Pamela Kaltenmark alias Kassandra Bergen nimmt die Gäste während der „Gschichtefahrt“ mit auf ihr Erlebnis, welches sie während eines ganz normalen Ausfluges auf den Niesen, zusammen mit Kerstin Lindner, hatte. Angelehnt an den spannenden Krimi am Niesen, geschrieben von der Thuner Krimi-Autorin Esther Pauchard. Wer nach dem Znacht nicht nach Hause mag, schläft in einem der einfachen, aber urgemütlichen Zimmer auf dem Berg. Nach dem Ausflug ins Berghaus ist der breite Gipfelrücken ein Muss. Er bildet den Schlusspunkt der Niesenkette. Eine Rundsicht wie diese ist selten: Simmental, Mittelland, Thunersee, Brienzersee, Kandertal. Manchmal zeigt sich der Thunersee ägyptischblau. Mit etwas Glück ist der dominante Schatten des Niesen pyramidenförmig auf dem Thunersee zu sehen. Wer in diesem Fall winkt, kann das Zurückwinken auf der Schattenspitze erahnen.

- Niesenbahn, Heustrichstraße 12, 3711 Mülenen, Tel. +41 3 36 76 77 11 www.niesen.ch
- ÖPNV: ab Spiez Zug Richtung Kandersteg, Bahnhof Mülenen (Halt auf Verlangen)

NIESEN
swiss pyramid
NIESEN
4

Gletscherluft schnuppern

7 Auf einen Zwetschgenkuchen in die Gaulihütte

Die Gaulihütte in der Nähe des Gauligletschers wirkt wie ein Magnet auf alle, die genug vom Rummel haben und sich für ein paar Tage ganz in die Natur zurückziehen wollen. Sie liegt 5 Gehstunden oberhalb jeglicher Zivilisation. Ausgangspunkt der Bergwanderung (Schwierigkeitsgrad T3) ist das Urbachtal beim ausgeschilderten Parkplatz. Der Aufstieg führt erst durch Wald, über grüne Wiesen und Matten. Bald wechselt das Bild ins Hochalpine und farbenfrohe Heiden bedecken die Böden. Besonders kräftig wirken die Herbstfarben auf der Traverse ab Träjenwang – wunderschön. Manchmal glaubt man sich in Schottlands Highlands.

Wer den Aufstieg zur Hütte (2.205 Meter) meistert, wird mehr als belohnt: Die Hüttenwarte – bodenständig und naturverbunden – servieren den besten Zwetschgenkuchen im Berner Oberland. Ein mit Friedensfahnen geschmücktes Fenster dient als Büfett. Die Wohlfühlterrasse mit Blick ins Hochtal bietet alles zum Durchatmen. Viele Aviatik-Fans verbinden die Gegend mit einem besonderen Ereignis: Eine amerikanische Dakota, ein Militärflugzeug, landete im Spätherbst 1946 bei schlechtem Wetter auf dem Gauligletscher not. Bei der unkonventionellen Rettungsaktion mit Gletscherlandung wurden glücklicherweise alle zwölf Insassen gerettet. Grund genug, die Rettungsaktion als Geburtsstunde der Gletscherlandung zu feiern. Der Gletscher verschlang die Maschine innerhalb kürzester Zeit – seit einigen Jahren spuckt der Gletscher die Wrackteile wieder aus. Spezielle Dakota-Touren führen von der Gaulihütte hinauf zur Fundstelle. Doch auch Bergtouren auf die benachbarten hochalpinen Gipfel mit so wohlklingenden Namen wie Ewigschneehoren (3.329 Meter), Trifthoren (3.229 Meter) und Bächlistock (3.246 Meter) sind für gute Alpinisten ein Muss. Noch ein Wort zum Gaulisee, der unweit der Gaulihütte liegt: Eine spannende, zum Teil abschüssige Wanderung über Gletscherschliffplatten führt von der Hütte hinunter zum See sowie an der Hängebrücke vorbei bis zu den Wasserfällen. Von hier kann man direkt ins Urbachtal absteigen.

TIPP
Schwindelfrei und trittsicher muss sein, wer zur Gaulihütte aufsteigt.

- Gaulihütte SAC, Ausgangspunkt: Urbachtal, Parkplatz, 3860 Meiringen, Tel. +41 3 39 71 31 66, www.gaulihuette.ch
- Schwierigkeitsgrad: Bergwandern T3

Champagner-Picknick

8 Historisches Bad und Thermalquelle Weissenburg

Die Sonne glüht, der Asphalt flirrt und das Schwimmbad ist voll – macht nichts. Das Weissenburg Bad ist geschaffen für Tage wie diese. Am besten kauft man vor Anreise einen kühlen Champagner und Knabbereien ein. Der Zug hält bei der Bahnhaltestelle Weissenburg, von wo man in 20 Minuten hinauf zum ehemaligen Grand Hotel Weissenburgbad spaziert und in die Luxuswelt der Schönen und Reichen des 19. Jahrhunderts eintaucht. Da das Bad- und Kurhaus in den 1960er-Jahren geschlossen und zurückgebaut wurde, ist Kopfkino angesagt. Doch die historischen Bilder im Informationszentrum und die Erklärungen regen spielend die Fantasie an. Der Musikpavillon wurde liebevoll rekonstruiert. Seine blassroten Holzpfeiler sind kunstvoll geschnitzt und die Dachkonstruktion ist ein Hingucker. Nach einem Glas prickelnden Schaumweins kann man das Violine-Quartett hören, das hier einst spielte und es rauschen die Damenröcke. Bunte Feste waren an der Tagesordnung. Daneben erhofften sich die Kurgäste Entspannung und Heilung mit gesundem Mineralwasser und Bädern. Unter der illustren Gesellschaft befand sich 1936 die damalige holländische Königin Wilhelmine. Ihre Tochter Juliana feierte mit ihrem späteren Gatten Bernhard Verlobung, die Eltern ihrer Königlichen Hoheit Prinzessin Beatrix der Niederlande und Großeltern von König Willem-Alexander. Ob Bernhard seiner Angebeteten den Antrag beim Teich mit Springbrunnen in der Waldlichtung machte? Auf der ausladenden Lichtung laden Grillstellen, Bänke und schattige Plätze zum Verweilen ein. Wer mag, wandert weitere 20 Minuten entlang des Buuschebachs zum hinteren Weissenburger Bad. Danach geht es über Treppen und Brücken in die Höhe zu einer 111 Meter langen Hängebrücke, die ebenso mit 111 Metern über der Schlucht schwebt. Zurück ins Tal führen verschiedene Wege, beispielsweise über Bunschen zum Bahnhof Oberwil (1 Stunde) oder zurück zum Weissenburg Bad und von dort zurück zur Bahnhaltestelle Weissenburg, wo der Durst mit bestem Weissenburger Mineralwasser direkt am Brunnen gestillt wird.

TIPP

Der Verein Bad und Thermalquelle Weissenburg organisiert interessante Halbtagesexkursionen.

- Verein Bad und Thermalquelle Weissenburg, 3763 Därstetten, Tel. +41 7 98 20 17 48, www.lenk-simmental.ch, www.weissenburgbad.ch
- ÖPNV: ab Spiez Zug Richtung Zweisimmen, Bahnhof Weissenburg (ca. 20 Minuten Fußweg)

Ein Dorf der Begegnungen

9

Saanen – wo der Kranich die Flügel ausbreitet

Das Wappentier von Saanen, der Kranich, liegt dem Dorfplatz zu Füßen: Er ist im Pflaster eingelassen und scheint das bunte Dorfleben auf seinen Flügeln zu tragen. Cafés, Bäckereien, Drogerie, Geschenkläden und Lebensmittelgeschäfte umrahmen den pittoresken Platz, auf dem ein Steinbrunnen, Schatten spendende Bäume und Ruhebänke stehen. Ein Geschäft gefällt besonders: Das Heimatwerk führt originelle Holzspielsachen, Wolle und Garn in allen Farben, Schönes und Nützliches für den Haushalt sowie Postkarten, die man am liebsten selbst erhalten würde. Die meisten Artikel sind nicht nur raffiniert, sondern auch in der Schweiz hergestellt – manche von Menschen mit Assistenzbedarf. Im Dorf Saanen gibt es einiges zu entdecken. Das Herz lacht, wenn man nach dem Shoppen im Straßencafé vom „Fromage & Pain" sitzt und eine der Pavés de Gstaad auf der Zunge zergehen lässt, eine Praline, die den quadratischen Pflastersteinen von Gstaad und Saanen nachempfunden ist. Dabei beobachtet man das herrliche Treiben: Einheimische kaufen ein, Wanderer ruhen sich aus, Konzertbesucher spazieren zur Kirche und lauschen den klassischen Klängen des Gstaad Menuhin Festivals (Juli und August), Kinder strampeln auf den Trettraktoren, die auf dem Platz kostenlos bereitstehen, und Biker erfrischen sich am Brunnen. Wenn man Glück hat, ist Markttag oder Sommerfest, dann ist die Stimmung besonders ausgelassen.

TIPP

Die Brocante Anfang August ist ein Geheimtipp für Antiquitätenliebhaber.

Wer durch die kleinen Gassen und auf der Dorfstraße schlendert, kann die reiche Geschichte von Saanen an den Häusern erkennen. Eines der Häuser heißt zum Beispiel „Ds Rot Huus" und liegt am Hindergässli, wo die ältesten Holzchalets des Dorfes stehen. Dort arbeiteten einst stramme Mannen. In der ehemaligen Rotgerberei stellten sie aus schweren Großviehhäuten mit Lohe aus Eichen- und Fichtenrinde Leder her. Es wurde für Sohlen, Schuhe, Sättel und Zaumzeug verwendet. Auf nach Saanen und mehr entdecken!

- Dorfplatz Saanen, Dorfstraße 60a, 3792 Saanen, Touristenauskunft, Tel. +41 3 37 48 81 60, www.gstaad.ch
- ÖPNV: ab Zweisimmen Zug Richtung Montreux, Bahnhof Saanen

SPORT SCHNEEBERGER
HEIMATWERK

Eigenwilliger Alpenchic

10 Kulturhotel Wetterhorn auf dem Hasliberg

Das Hotel Wetterhorn ist ein Glücksort auf den zweiten Blick. Direkt an der Straße liegend, kann es nicht übersehen werden. Insbesondere seine Schindelfassade im lichten Grau wirkt im Haslital wie ein Eremit. Fremd und faszinierend zugleich macht es neugierig, und dies zu Recht. Schicht für Schicht gibt es seine Geheimnisse preis. 1907 als Sommerhaus gebaut, wurde es bis in die 1980er-Jahre als Hotel betrieben und danach aufgrund des großen Investitionsbedarfs geschlossen. Die folgenden 20 Jahre waren wild und unberechenbar. Erst Asylzentrum, später idealer Ort für Mutproben und illegale Partys. 2009 wurden dem Hotel die Flausen ausgetrieben. Bei der sanften Sanierung wurde der hübsche Kern poliert und das Hotel um ein Restaurant erweitert. Wer traditionelle alpine Einrichtung erwartet, wird im Wetterhorn verblüfft. Eigenwillig urban kontrastieren lineare Formen mit Hirschgeweihen, Altholz mit goldverziertem Stuck und Kunstharzböden mit Kronleuchtern.

TIPP

Kulinarische Hochgenüsse gibt es im Gasthof Bären und im Hotel Reuti in Hasliberg.

Genauso anziehend wie schlicht ist die Einrichtung der Zimmer. Altholzmöbel kombiniert mit modernster Technik lassen es an nichts mangeln. Besonders weil das Wetterhorn als Appartementhotel mit Küchen und großzügigen Wohnbereichen in den Zimmern konzipiert ist, ist es idealer Ausgangspunkt für das Erkunden des östlichen Berner Oberlandes. Die meisten Zimmer verfügen über einen Balkon, doch den braucht man eigentlich gar nicht, denn die Terrasse des Wetterhorns ist mehr als eine Terrasse, vielmehr ein Garten voller Überraschungen. Er verbreitet eine nonchalante, entspannte Lässigkeit, die zu nie enden sollenden Abendstunden unter Freunden verführt und zum Mut, das Leben zu leben, statt ihm hinterherzurennen, und den Augenblick zu zelebrieren. Einen besonderen Kick dazu geben Kultur- und Konzertabende in der legendären „Unterwelt" des Wetterhorns, wo Bands, Singer-Songwriter und Performance-Künstler auftreten und aus dem Ausgehlokal einen Ausgehgarten machen.

- Hotel Wetterhorn, Hohfluh, 6083 Hasliberg Hohfluh, Tel. +41 3 39 75 13 13
www.sinnvollgastro.ch
- ÖPNV: Bus 158, Haltestelle Hasliberg Hohfluh/Wetterhorn

Tierischer Durchblick

11 In Gstaad im Stallbeizli mit Kühen schlemmen

Gstaad liegt im Herzen des Saanenlandes. Ein Tal, von dem man erzählt, dass es durch Gottes Hand erschaffen wurde, als er sich während der Schöpfung zum Ausruhen kurz aufstützte. Die Fingerabdrücke bilden die fünf Seitentäler, auf der Handfläche liegen Saanen und Gstaad. Was viele nicht wissen: Der weltbekannte Kurort Gstaad gehört zur Gemeinde Saanen. Gstaad ist ein Ort der Gegensätze: Luxuschalets reihen sich an Bauernhäuser, Boutiquen an Sportgeschäfte und Fünf-Sterne-Häuser an Gaststätten. Etwas außerhalb des Zentrums, beim Skischulplatz Zückerli, liegt Michel's Stallbeizli.

Dem Namen getreu befindet sich das Stallbeizli im Kuhstall der Familie Michel. Durch die Glasfenster lassen sich Kälber, Ziegen und Kühe nebenan beobachten – bei all ihren Beschäftigungen und Verrichtungen, da sollte man ab und zu ein Auge zudrücken. Die rustikale Atmosphäre, das Holzmobiliar, die Treicheln (Kuhglocken) und die freundlichen Mitarbeitenden sind für das authentische Flair verantwortlich. Beim superleckeren Essen fällt alle Anspannung ab. Man kann sich zurücklehnen und sich bei den Tieren abgucken, wie sie es sich gemütlich machen. Abends ist das Stallbeizli von Donnerstag bis Sonntag geöffnet. Auf der regulären Menükarte gibt es Raclette à discrétion mit diversen eingelegten sauren Beilagen. Am Wochenende wird abends auch Tischgrill serviert.

Familie Michel bewirtschaftet den Landwirtschaftsbetrieb seit Generationen. Im Winter versorgt sie die Tiere im Talbetrieb und führt das Beizli, das dementsprechend nur im Winter geöffnet hat. Den Sommer verbringt die Familie auf der Alp Turnels (1.900 Meter) zwischen den Gipfeln von Giferspitz und Wasserngrat. Hier produziert sie den Käse, den sie im Winter im Stallbeizli verkauft. Auch Trockenfleisch und Trockenwürste gehören zu den hofeigenen Leckereien. Sie können im Stallbeizli konsumiert oder im Hofladen bezogen werden. Wer also ein kleines Geschenk nach Hause bringen möchte, ist damit bestens bedient.

- Michel's Stallbeizli, Gsteigstraße 41, 3780 Gstaad, Tel. +41 3 37 44 16 83 oder +41 7 86 90 39 47, www.stallbeizli.ch
- ÖPNV: ab Bahnhof Gstaad ca. 20 Minuten Fußweg oder Postauto 180, Haltestelle Gstaad/Eggli

Sprudelnde Quellen

12 Simmenfälle und Siebenbrünnen an der Lenk

Kein Wunder, dass die Schweiz als Wasserschloss Europas gilt. Die Alpen sind Regenfänger und -speicher zugleich. Der Niederschlag wird in Form von Schnee, Eis oder Wasser in Seen gelagert und unzählige Quellen entspringen an kuriosen Orten. An der Lenk ist die ungezähmte Naturkraft hautnah erlebbar, denn der Rundweg ab Simmenfälle über Siebenbrünnen bis zum Iffigenfall führt so nah an Wasserfällen vorbei, dass die Gischt die Haut benetzt und man am liebsten mit ihr durch die Luft wirbeln würde.

Gestartet wird beim Busbahnhof Lenk neben dem Bahnhof. Der Bus bringt die Gäste bequem zum Restaurant Simmenfälle. Schon nach ein paar Schritten tost die Simme. Ein schmaler Weg oder alternativ ein breiterer Fahrweg führt entlang des Baches zur Barbarabrücke. Bei der Brücke fällt das Wasser in eine Kalksteinwanne – mit etwas Glück spannt sich ein bunter Regenbogen darüber.

Bei Siebenbrünnen schießt die Quelle aus sieben Spalten. Die Quelle ergießt sich auf mehreren Metern Breite über den Felsen und bildet den Ursprung der Simme. Die Urkraft erdet die schwirrenden Gedanken und offenbart, wenn man richtig hinhört, den Sinn des Lebens.

TIPP

Bei den Siebenbrünnen die Schuhe ausziehen und ins kalte Quellwasser steigen.

Nach diesem Naturerlebnis gibt es zwei Optionen: Die Genießer spazieren zurück zu den Simmenfällen. Die Sportlichen nehmen den Aufstieg zur Lagermatte unter die Füße. Nach eineinhalb Stunden stehen sie auf einem Hochplateau, in dessen Mitte Alpkäserei und Beizli Langermatte steht. Nun schlängelt sich der Weg hinab ins Tal, vorbei an sogenannten Vorsassen (Sömmerungsbetrieben), bis er wenige Meter neben dem Iffigbach vorbeiführt. Nach weiteren 20 Minuten auf dem romantischen Weg entlang des Bachs zieht es die Wanderer förmlich zum stiebenden Iffigfall. Beim Aussichtspunkt bei der Straße geht man auf Tuchfühlung mit der Urgewalt, die 100 Meter in die Tiefe stürzt. Just daneben hält der Bus und bringt die müden Wanderer stündlich zurück zum Bahnhof (bis 17 Uhr). Bei dieser Tour hat man „Was(ser)" erlebt!

- Simmenfälle, Oberriedstraße 76, 3775 Lenk im Simmental
  www.lenk-simmental.ch
- ÖPNV: Bus 283, Haltestelle Simmenfälle

Käsbrätel in Habkern

13 Restaurant Jägerstübli auf der Lombachalp

Kann Glück damit beschrieben werden, sich an einem Ort zuhause zu fühlen? Julia Häni vom Restaurant Jägerstübli auf der Lombachalp behauptet ebendies. In Habkern aufgewachsen geht sie seit Jahr und Tag auf der Lombachalp „zBärg". Sie versorgt die Tiere und kümmert sich um den Haushalt. Vor Kurzem konnte sie das Bergbeizli Jägerstübli übernehmen und sagt: „Ich bin auf der Lombachalp verwurzelt, das empfinde ich als reinstes Glück." An diesem Glück lässt sie die Gäste teilhaben. Das Bergbeizli mit seiner ausladenden Terrasse verspricht Gerichte mit hofeigenen Produkten. Der Käsbrätel duftet von Weitem: ein Raclettebrot mit Raclettekäse von Kühen, die auf dem benachbarten Grundstück weiden. Es gibt Schweinswürstchen und Steaks sowie hausgemachte Gemüsesuppe. Zum Dessert lohnt sich ein Blick auf die Theke im Restaurant, wo die selbst gebackenen Kuchen und Stückchen vom Bäcker im Tal stehen. Zum Schluss braucht es einen Kaffee mit Schuss und etwas Schlagsahne, das macht man schließlich nicht alle Tage – nur an den glücklichen, den besonderen, den sogenannten Auszeit-Tagen wie hier.

Das Jägerstübli wurde Realität, als die Gemeinschaftskäserei auf der Lombachalp 2001 neu geplant wurde. Im Hochparterre wird der Käse hergestellt, der eine Etage weiter unten den Gästen serviert wird. Das Bergbeizli liegt mitten in einer der größten Moorlandschaften der Schweiz, die viele Gäste anziehen. Am Wochenende ist der Andrang recht groß, weshalb die Lombachalp unter der Woche besucht werden sollte, wenn man es etwas beschaulicher mag. Die Lombachalp ist Ausgangsort für blumengesäumte Wanderungen in die Hügellandschaft des Moors und für E-Bike-Ausflüge zum Kemmeribodenbad um den Hohgant und zurück. Besonders viele Besucher zieht es auf das Augstmatthorn – einen Ort, wo Brienzersee und Thunersee glänzen, wo der Grat zum Brienzer Rothorn nie endet und wo sich das Dreigestirn Eiger, Mönch und Jungfrau vis-à-vis stolz erhebt.

TIPP

Von der Terrasse lassen sich mit dem Feldstecher Steinböcke und Gämsen am Augstmatthorn beobachten.

- Restaurant Jägerstübli, Lombachalp, 3804 Habkern, Tel. +41 3 38 43 11 78 www.jaegerstueblilombachalp.ch
- ÖPNV: ab Habkern (Parkplatz Skilift und Bärenplatz) Shuttlebus von Ende Mai bis Ende Oktober, Tel. +41 3 38 43 13 43

RUGEN BRÄU

Schwindelfreies Glück

14 Spektakuläre Bergarchitektur oberhalb Mürren

Hochalpine Architektur hat sich einem breiten Konsens zufolge möglichst unauffällig in die Gebirgslandschaft einzufügen. Auf besonders spektakuläre Weise ist das auf der Birg oberhalb von Mürren gelungen. Eine überdimensionierte Treppe führt direkt auf die Aussicht: Eiger, Mönch und Jungfrau sind von hier zum Greifen nah. So extrem das Bauwerk aussieht, fügt es sich doch mit seinen schroffen Kanten erstaunlich gut in die Hochgebirgslandschaft. Kein Wunder, denn das Projekt wurde in enger Zusammenarbeit mit Landschafts- und Umweltorganisationen realisiert. Von Mürren aus ist das Bauwerk kaum zu sehen – im Gegensatz zu der alten Terrasse, deren Stützen das Landschaftsbild stark beeinträchtigt hatten. Die neue, überhängende Plattform auf 2.677 Metern mit einer Auskragung von 12 Metern lässt einen fast schwindlig werden. Dabei ist die Konstruktion aus Stahl, Holz und Glas mehr als solide verankert. 200 Meter über dem Abgrund trägt sie bis zu 360 Personen. Meist sind aber gar nicht so viele hier und man kann sich gemütlich auf der pinken Treppe hinfläzen und die Augen über die atemberaubende Aussicht schweifen lassen. Näher und intensiver wird man das berühmte Berner Dreigestirn Eiger, Mönch und Jungfrau nirgendwo erleben können! Der „Skyline Thrill" auf der exponierten Mittelstation Birg ist immer noch ein Geheimtipp – die meisten Gäste fahren gleich hinauf aufs Schilthorn. Und so kann man hier in aller Ruhe die mächtigen Felsen, Schneefelder und Gletscher auf sich wirken lassen.

TIPP
Falls Schwindel aufkommt, einen Punkt am Horizont fixieren. Nicht hinunterschauen!

Wer nun Lust bekommt auf Adrenalin, begibt sich die Stahlgittertreppe hinunter zur schmalen Wegkonstruktion, die sich wie eine Schlange 200 Meter über dem Abgrund den Fels entlangschmiegt. Abwechslungsreiche Passagen führen über Glasplatten mit freiem Blick ins Nichts, über Kuhgatter sowie für besonders Wagemutige über ein Stahlseil, auf dem die spektakulärsten Action-Fotos mit Eiger, Mönch und Jungfrau im Hintergrund entstehen. So bekommt man das perfekte Selfie, um die Lieben daheim ein bisschen zu erschrecken. Gefährlich ist das nie, denn der Weg ist bestens abgesichert.

- Mittelstation Birg, 3825 Mürren, Tel. +41 33 82 60 07
  www.schilthorn.ch
- ÖPNV: Bus 141, Haltestelle Schilthornbahn, weiter mit Seilbahn

Wo der Spiezer Wein reift

15 Museum und Innenhof Schloss Spiez

Das Schloss Spiez thront leicht erhöht in der Bucht von Spiez, umrandet von Parks und Weinranken. Riesling-Sylvaner, Muscat und Blauburgunder gären im Schlosskeller. Das Schloss gehörte im Mittelalter angesehenen Berner Bürgern, die sich in der Stadtpolitik einen Namen gemacht hatten, auf dem Land jedoch Ruhe und Ausgleich suchten. Zu den wichtigsten gehörten die Freiherren von Strättligen, die Herren von Bubenberg und die Stadtberner Patrizierfamilie von Erlach. Den Inhabern der Herrschaft standen auch Kirchensatz und Patronatsrecht von Spiez zu. Die landwirtschaftlichen Erträge ihrer ausgedehnten Ländereien und die Abgaben der Untertanen bildeten das Haupteinkommen ihres aufwendigen Lebensstils.

Vor dem Schloss gibt es zahlreiche gebührenpflichtige Parkplätze. Von dort spazieren die Besucher durch den Rundbogen, den das mittelalterliche Schloss mit dem „neuen" Wohnhaus aus dem 18. Jahrhundert verbindet, in den Innenhof. In Gehdistanz zum Schloss befinden sich der schlosseigene Badestrand und der Kräutergarten. Auch wenn man am liebsten den ganzen Nachmittag auf den Ruhebänken der Aussichtsplattform verbringen würde, lohnt sich ein Blick in die romanische Kirche, wo am Wochenende geheiratet wird. Die Kirche dient nicht nur als Pfarrkirche, sondern war lange auch Memorialbau und Grablege der jeweiligen Schlossbesitzer. So etwa von Jeanne de la Sarraz, ab 1457 die zweite Gemahlin von Adrian I. von Bubenberg.

TIPP
Im Schloss und in den Parkanlagen werden innovative Führungen und Workshops angeboten.

Im sogenannten Altschloss befindet sich das Museum, das man durch den Museumsshop und eine Wendeltreppe erreicht. Dort stehen die ehemaligen Schlossbesitzer im Zentrum. Im mittelalterlichen Wohnturm wird die Lebenswelt des Heinrich von Strättligen mit Turnier und Minnesang aus dem 13. Jahrhundert lebendig. In den gotischen Stuben ist Adrian von Bubenberg hoch zu Ross anzutreffen und im zweiten Stock ist eine Begegnung mit Franz Ludwig von Erlach möglich, dem zwei Ehefrauen 37 Kindern geschenkt haben. Eine frische Sommerbrise gibt es auf dem Schlossturm kostenlos.

- Schloss Spiez, Schlossstraße 16, 3700 Spiez, Tel. +41 3 36 54 15 06 www.schloss-spiez.ch, Weinkeller: www.alpineweinkultur.ch
- ÖPNV: ab Spiez Bahnhof ca. 15 Minuten Fußweg oder ab Spiez Schiffsstation ca. 5 Minuten Fußweg

Auf einen Drink mit Liz Taylor

16

Nostalgie und Glamour an der Palace-Bar in Gstaad

Als Wahrzeichen aus längst vergangenen Zeiten thront das Palace Hotel über dem Nobelkurort Gstaad. Nicht minder elegant geht es im Innern zu. Wem die Übernachtung zu teuer ist, gönnt sich trotzdem einen Drink an der altehrwürdigen Lobby-Bar und taucht für einige Stunden in die Welt der Schönen und Reichen ein. Schick angezogen sollte man dafür allerdings sein. Herren tragen ab 19 Uhr zwingend ein Jackett und die Damen dürfen ihre besten Kleider ausführen – und werden dafür von den italienischen Barkeepern entsprechend charmant bedient. So gönnen wir uns einen zweiten Negroni und bestaunen die Streichholzbriefchen-Sammlung an der Theke. Vielleicht stammt eines von Liz Taylor, die hier regelmäßig verkehrte? Oder von Michael Jackson, der das Gstaad Palace so sehr liebte, dass er es gleich kaufen wollte? Das blieb ihm aber verwehrt, die Familie Scherz führt das Hotel nun schon in dritter Generation – es ist eines der letzten Fünf-Sterne-Häuser in der Schweiz, das 100 Prozent in Familienbesitz geblieben ist.

TIPP

Der Palace-Picknick-Platz oberhalb von Gstaad bietet die prächtigste Aussicht über das Saanenland.

Genüsslich schlürfen wir an unserem Cocktail und lassen die Fantasie in vergangene Zeiten schweifen. Der heutige Besitzer Andrea Scherz erzählt, wie sein Großvater während des Krieges kaum die Stromrechnungen bezahlen konnte und wie einmal sogar das Telefon abgestellt wurde. Mit Geschick und dem nötigen Quäntchen Glück hat die Familie Scherz seither alle Klippen sicher umschifft und hält das legendäre Hotel auch im 21. Jahrhundert wacker auf Kurs. Wir sinken in den bequemen Sessel vor dem Kamin und nach dem dritten Drink meinen wir, durch den Korridor mit den kostbaren Uhrenvitrinen käme der leibhaftige Michael Jackson selig am Arm von Liz Taylor hereingeschwebt und legte einen Moonwalk auf den Teppich. Nun könnten wir uns eigentlich hier eine Übernachtung gönnen und am Morgen den Blick über das Saanenland genießen – auch wenn das gewiss unser Ferienbudget bei Weitem sprengt. Oder wenigstens essen wir zu später Stunde noch eine Kleinigkeit, um uns für den Rückweg ins Dorf hinunter zu stärken.

- Gstaad Palace, Palacestraße 28, 3780 Gstaad, Tel. +41 3 37 48 50 55
www.palace.ch
- ÖPNV: ab Bahnhof Gstaad ca. 10 Minuten Fußweg

Kraftort mit klarem See

17 Naturnahe Touristik-Tradition auf der Engstlenalp

Ein erquickender Schwumm im spiegelglatten Engstlensee, dann eine fangfrische Seeforelle zum Zmittag und zum Dessert noch ein Stück hausgemachter Haslikuchen: Was braucht der Mensch mehr zum Glück? Auf der Engstlenalp lässt es sich wunderbar schlemmen, entspannen und die Natur genießen. Und das seit Jahrhunderten. Hier waren nämlich schon Goethe, Einstein und Conrad Ferdinand Meyer zu Besuch. Das romantische Hotel Restaurant Engstlenalp blickt auf eine lange und ehrwürdige Tradition zurück. Der Ururgroßvater Immer richtete das Haus im Jahr 1857 als Hotel Titlis her. Die englischen Gäste kamen mit Maultieren oder zu Fuß auf die Alp. 1892 baute der Urgroßvater das heutige Hotel Engstlenalp. Heute empfangen Vater Fritz Immer und seine Frau Marianne die Gäste. Die Söhne kümmern sich um Küche und Verwaltung. 30 Zimmer sowie ein Massenlager stehen zur Verfügung. Wanderer, Biker, Fischer und Skitourengeher verkehren hier ebenso wie gemütliche Ausflügler, die mit dem Bus oder Privatauto hochfahren.

TIPP

Hier gibt es den besten Haslikuchen weitherum, hergestellt aus Haselnüssen, Eiern, Zucker und Rahm.

Die Engstlenalp ist eine Hochalp auf 1.834 Metern und grenzt an die Kantone Obwalden und Nidwalden. Sie ist eingebettet in ein spektakuläres Bergpanorama vom Gwärtler und Graustock im Norden zum vergletscherten Titlis im Osten, hinüber zum Reissend Nollen und zu den Wendenstöcken im Süden. Schon im Frühmittelalter herrschte reger Betrieb. Damals war die Hochalp ein wichtiger Stützpunkt und Umschlagplatz im Säumerverkehr über den Jochpass. Die legendäre Sbrinz-Käseroute führt hier vorbei, die bis heute jedes Jahr mit einer mehrtägigen Wanderung in Gruppen durchgeführt wird. Obwohl also einiges los ist, wirkt die wildromantische Landschaft um den spiegelklaren See beinahe unberührt. Das ist nicht zuletzt das Verdienst von Naturfreund Fritz Immer, der sich vehement für den Erhalt seines Paradieses einsetzt. Touristiker möchten die Engstlenalp nämlich in ein Skigebiet verwandeln. Aber solange die Familie Immer hier standhaft waltet und wirtet, wird die Engstlenalp ein Glücksort für ruhesuchende Wanderer und Bergseeschwimmer bleiben.

- Berggasthaus und Hotel Engstlenalp, 3862 Innertkirchen, Tel. +41 3 39 75 11 61 www.engstlenalp.ch
- ÖPNV: Bus 163, Haltestelle Grimseltor

Essig und Knoblauch

18 Bioladen „Ihr Lebenskreis“ in Zweisimmen

Da ist diese Wiese, die ein ganzes Geschäft auf Händen trägt. Sie liegt knallgrün im Bioladen „Ihr Lebenskreis“ in Zweisimmen. Sie verrät den Grundgedanken von Nachhaltigkeit und Natürlichkeit aller darin angepriesenen Produkte. Sie werden fair produziert und sind, wenn immer möglich, in Handarbeit hergestellt. Die Produktion ist biologisch oder nach biologisch-dynamischen Demeter-Richtlinien (noch strengere Standards als EU-Bio-Verordnung). „Ihr Lebenskreis“ entspringt Familie Esther und Nicolas Mottier aus Châteaux-d'Oex. Sie sind überzeugt, dass eine lebensfähige Zukunft damit beginnt, die Menschheit in ihrem Land zu verankern, und dass die Landwirtschaft eine Nabelschnur zwischen Lebewesen und Natur bildet. Basierend darauf betreiben sie einen Demeter-Landwirtschaftsbetrieb, mehrere Bioläden, eine naturheilkundliche Praxis sowie Ferienwohnungen. Neben besonderen Spezialitäten gibt es alle gängigen Lebensmittel, Hygieneartikel und Kosmetikprodukte im Bioladen „Ihr Lebenskreis“. Die meisten Produkte werden unverpackt verkauft, das liegt im Selbstverständnis des Konzepts.

TIPP
Demeter-Fleisch vom eigenen Hof in Château-d'Oex ist besonders schmackhaft.

Ein besonderes Augenmerk fällt auf die Produkte, die nach altem Wissen hergestellt werden. Heilessige beispielsweise unterstützen das Immunsystem, den Verdauungsprozess und helfen bei der Heilung von Krankheiten. Die Heilkraft der Essige ist fast in Vergessenheit geraten, lebt in Zweisimmen jedoch neu auf. In den Regalen des zweigeschossigen Geschäfts ist auch schwarzer Knoblauch zu finden. Um aus der frischen Knolle schwarzen Knoblauch herzustellen, braucht es Wärme und Luftfeuchtigkeit. Während der Fermentation färbt sich der Knoblauch schwarz und bekommt eine sehr weiche, etwas klebrige Konsistenz. Der verwandelte Knoblauch soll nicht nur Blutgefäße vor Ablagerungen schützen sowie den Blutdruck und das Blutfett senken, er ist auch bekömmlich und schmackhaft. Süßlich im Geschmack erinnert er an Balsamico-Essig, Lakritze und Pflaumenkompott. Glückspilz ist, wer diesen Knoblauch vor dem Kuscheln genießt, denn er hinterlässt keine unangenehmen Körpergerüche.

- Bioladen Ihr Lebenskreis, Mühlegasse 1, 3770 Zweisimmen, Tel. +41 3 37 22 10 88 www.ihr-lebenskreis.ch
- ÖPNV: ab Bahnhof Zweisimmen ca. 10 Minuten Fußweg

Arnika
Oel
25.60/dL
Johannisoel
25.60/dl
Votre Cercle de Vie
Lila
Essig

Zeitreise mit Wasserfall

19 Historisches Grandhotel Giessbach bei Brienz

Wie ein Märchenschloss thront es hoch über dem türkisblauen Brienzersee: Das Grandhotel Giessbach ist ein ganz besonderer Glücksort, vielleicht der magischste, der zauberhafteste Kraftort im ganzen Berner Oberland. Allgegenwärtig ist hier das Rauschen der mächtigen Giessbachfälle, die die Luft mit ihrer Musik und Energie aufladen. Wer hier spazieren geht, kann das erfrischende Prickeln weitherum spüren. Im Frühsommer, wenn die Giessbachfälle mit ihren 14 Kaskaden vom Gletscherwasser mächtig anschwellen, reicht es, einfach das Fenster aufzumachen oder auf den Balkon des Hotelzimmers hinauszutreten und sich von der rauschenden Wasserorgie betören zu lassen. Einen Fernseher oder ein Buch braucht hier niemand – die Giessbachfälle sind Unterhaltung genug! Stundenlang kann man hier einfach sitzen oder im Hotelpark auf der Wiese liegen und das Naturspektakel auf sich einwirken lassen. Die überschäumende Energie der Wasserfälle wirkt beruhigend und belebend zugleich. Das Rauschen der Kaskaden reinigt die Gedanken. Die glatte, türkis leuchtende Oberfläche des Brienzersees verschluckt alle Sorgen und spiegelt eine einzigartige meditative Ruhe. Später im Sommer und gegen den Herbst zu plätschert der Wasserfall friedlich über die Felstreppen hinab. In der Nacht wird er stimmungsvoll beleuchtet. Erfrischt und hungrig kann man am Abend das Dinner in der eleganten und zugleich ungezwungen herzlichen Atmosphäre genießen. Das ganze Haus ist mit Möbeln und Kunst aus der Gründerzeit des Hotels in der zweiten Hälfte des 19. Jahrhunderts eingerichtet, eine liebevoll und sorgfältig gepflegte historische Sammlung, die zum Staunen und zweimal zum Hinschauen einlädt. Von den 74 Zimmern und Suiten sind alle einzigartig und jedes ist auf seine Weise faszinierend. Das ausgesprochen liebenswürdige Personal und das feine Gourmet-Menü runden das Glück ab. Dieses einzigartige historische Bijou wäre im letzten Jahrhundert beinahe abgerissen und durch einen Betonbau ersetzt worden. Schließlich rettete der Umweltschützer Franz Weber das alte Grandhotel, das nun unter Denkmalschutz steht. Ein Glück!

TIPP

Besonders romantisch: Von der Schiffländte führt eine historische Standseilbahn zum Hotel hinauf.

- Grandhotel Giessbach, 3855 Brienz, Tel. +41 33 952 25 25
  www.giessbach.ch
- ÖPNV: ab Brienz mit dem Auto oder ab Interlaken Ost mit dem Kursschiff

Wo das Edelweiß blüht

20 Blütenwanderung vom Lauenensee zur Geltenhütte

Wer gern mal ein Edelweiß in echt sehen möchte, muss nicht groß klettern. Auf der rund vierstündigen Wanderung vom Lauenensee zur Geltenhütte und zurück über den Chüetungel blühen die seltenen Alpenpflanzen nämlich direkt am Wegesrand. Vom Lauenensee aus führt ein rot-weißer Bergweg zum Wasserfall Geltenschuss – ein wunderschöner Ort für eine Znünipause. Nach dieser ersten Stärkung führt der Weg rechts des Wasserfalls in steilem Zickzack hinauf. Insgesamt 600 Meter sind bis zur Hütte zu bewältigen. Kurz vor dem Ziel führt eine Brücke über den Geltenbach. Von da an sind die Hänge mit unzähligen Bergblumen gesegnet. Nun heißt es: Augen auf. Denn das Edelweiß ist eher klein und unauffällig. Mitunter scheint es sich regelrecht im Gras und zwischen den anderen Blumen zu verstecken. Aber wer erst einmal eins entdeckt hat, wird bald noch mehr davon finden. Außerdem blühen an den Hängen rund um die Geltenhütte verschiedene Enziane, Türkenbundlilien, Allermannsharnische (eine selten anzutreffende große Lauchart), aber auch Aurikeln, Silberwurzen, wilde Nelken und viele mehr: Diese Berghänge leuchten bunter, mitunter intensiver als jedes Blumenbeet!

TIPP

Edelweiß blüht im Juli/August. Im Juni kann man den Bergfrühling mit unzähligen Blumenarten genießen.

Bei der Geltenhütte angekommen lässt es sich auf der Terrasse bestens ruhen – bei einem feinen Cappuccino und einem Stück hausgemachtem Kuchen. Der Blick schweift hinüber zum Geltenhorn, der Gletscher gleißt im Sommerlicht und wenn in der Hochebene die Yakherde weidet, könnte man sich fern im Himalaya wähnen. Mit dem Edelweiß geht es aber erst auf dem Rückweg richtig los. Wer Lust hat zu kraxeln, sollte sich den steileren Hang links vom Weg oberhalb der Hütte genauer anschauen. Hier gedeiht das Edelweiß zwischen den schmalen Felsbändchen in Hülle und Fülle. Wer es gemütlicher mag, halte die Augen offen auf dem ersten Kilometer wieder hinab zum Chüetungel – hier blüht das Edelweiß direkt am Wegesrand. Nach einer exponierten Treppe, die mit Fixseilen gesichert ist, geht es gemütlich durch die blühenden Bergwiesen des Naturschutzgebietes Gelten-Iffigen hinab und schon bald sehen wir unter uns wieder den Lauenensee.

- Geltenhütte, 3782 Lauenen, Tel. +41 3 37 65 32 20
www.gelten.ch
- ÖPNV: Bus 181, Haltestelle Lauenensee

100 Meter über dem Nichts

21 Spektakuläre Hängebrücke im Grimselgebiet

Wer Jahrmärkte und Achterbahnen mag, wird die Triftbrücke lieben! In sehr luftiger Höhe schwingt sie über der Triftschlucht im Gadmental, 100 Meter über dem tosenden Triftwasser. Auf einer Länge von 170 Metern trägt sie die Mutigen sanft schwingend über den Abgrund. Bei Windstößen beginnt sie kräftiger zu schaukeln. Das braucht Nerven wie Stahlseile! Der Nervenkitzel wird belohnt mit der Ausschüttung von Glückshormonen, die den Körper nach der Aufregung fluten. Dabei könnte man eigentlich ganz ruhig über die Lärchenbretter gehen – so man sich vom Abgrund nicht beirren lässt und den Blick stur nach vorne richtet. Denn die neue Triftbrücke ist so sicher wie nur irgendwie möglich. Seitliche Kanthölzer verhindern ein Abrutschen mit dem Fuß und es gibt einen hohen, mit Stabilisatoren gesicherten Handlauf.

TIPP

Bei der Talstation gibt es hausgemachte Delikatessen sowie handbestickte Souvenirs zu kaufen.

Die Triftbrücke ist eine moderne Zeugin von Klimawandel und Gletscherschwund. Noch in den 1990er-Jahren lag an dieser Stelle 30 Meter dickes Eis und wer zur Trifthütte SAC hinaufsteigen wollte, konnte über den Gletscher bequem das Tal queren. Nun ist da ein See, wo früher Eis lag. Der damalige Hüttenwart der Trifthütte, Walter Brog, sinnierte, wie die Berggänger trotz Gletscherschwund weiterhin den Weg zu ihm hinauf finden könnten, und kam auf die Idee, eine nepalesische Dreiseilbrücke zu bauen. Diese realisierte er im Jahr 2005 zusammen mit Bergführern, Monteuren und einem erfahrenen Hubschrauberpiloten. Das wagemutige Bauwerk zog zahlreiche Touristen an, die aber mit den exponierten Zugängen und der Höhenangst überfordert waren. Schließlich wurde die alte Triftbrücke im Jahr 2009 durch die heutige Brücke ersetzt, die größer und höher, dafür aber auch viel sicherer ist. Zusätzliche Seilabspannungen reduzieren das Schwingen bei Sturm. Insgesamt wurden 5.000 Meter Stahlseil, 24 Felsanker und 6.500 Schrauben verbaut. So ist die neue Triftbrücke nun für jedermann gut begehbar. Das kühne Bauwerk ist inzwischen zu einem schon fast ikonischen Touristenmagnet geworden – die längste Hängebrücke der Alpen ist ganz gewiss auch die am meisten fotografierte Brücke der Schweiz!

● Triftbrücke, 3863 Gadmen
www.grimselwelt.ch (Tickets für Triftbahn hier vorreservieren)
● ÖPNV: Bus 172, Haltestelle Nessental, Triftbahn

Prosit bei der blauen Kuh

22

La Vache Bleue in Saanen

In diesem Laden bleiben einfach alle hängen – ob man es will oder nicht. Zum Glück! Denn wer hier vorbeigeht, hat etwas verpasst. Zu originell sind die Kuriositäten und besonderen Stücke, die der gelernte Grafiker, Dekorateur und Konzert-Veranstalter Christian Kohli und sein Geschäftspartner Jean-François Jeunet hier im „La Vache Bleue" über die Jahre angesammelt haben. Und das lässt sich sehen: Vom uralten Melkstühli über den traditionellen Scherenschnitt bis zum Iggy-Pop-Plakat oder dem Eier-Stuhl des finnischen Kultdesigners Eero Aarnio reicht das vielfältige Spektrum. Darüber hängt riesig eine Birdy-Lampe aus der allerersten Originalserie von Ingo Maurer. Poppiges aus den 1970er- und 1980er-Jahren mischt sich mit traditionellem Handwerk, Kunst gesellt sich neben lustigen Kitsch. Das Sammelsurium wird von den beiden leidenschaftlichen Sammlern liebevoll kuratiert und immer wieder neu arrangiert. Man kann die Herren übrigens auch engagieren, um die eigenen vier Wände neu zu gestalten. Das sollte man ausprobieren. Überraschungen und ganz Besonderes garantiert!

Doch das ist nicht alles: Wer es etwas bescheidener mag, kehrt bei „La Vache Bleue" einfach auf ein Kafi oder einen Drink ein. Die gemütliche Bar lädt zum Verweilen und Wohlfühlen ein. Regelmäßig finden hier auch Konzerte, Lesungen und andere Kultur-Events in angenehmer Runde statt. Dafür ist das verwinkelte Holzchalet wie geschaffen. Und wer sich in den Tisch verliebt oder den Stuhl kaufen möchte, auf dem er oder sie ein wohlschmeckendes Glas Wein getrunken hat – kein Problem. Das ganze Mobiliar und alles, was im Laden steht, kann selbstverständlich gekauft werden. Wer nach draußen tritt, kann ebenso bestaunen und entdecken, was im wildromantischen Gärtchen angeboten wird. Hier wird einfach jeder fündig und geht glücklich nach Hause.

TIPP

Am offenen Kamin einen süffigen „Pot" genießen aus Apérol, Champagner, Orangensaft und Geheim-Zutaten.

- Kulturladen, Bar und Antiquitätengeschäft „La Vache Bleue", Mättelistraße 4, 3792 Saanen, Tel. +41 7 6 3 39 41 61, www.lavachebleue.ch
- ÖPNV: ab Bahnhof Saanen ca. 2 Minuten Fußweg

CHOCOLAT
VILLARS
Villars

60 Rätselzeichen für Sherlock

23 Sherlock-Holmes-Museum in Meiringen

Als lebensgroße Bronzestatue sitzt Sherlock Holmes auf dem Hauptplatz in Meiringen, schmaucht an seiner Tabakpfeife und lädt die Gäste ein, sich auf einen Schwatz oder für ein Erinnerungsfoto zu ihm zu setzen. Und das wird auch oft und gerne gemacht. Manche Reisende fahren extra dafür nach Meiringen. Der eine oder die andere hat sich bestimmt schon zu Sherlock Holmes gesellt, um ihm von einem kniffligen Problem aus dem eigenen Leben zu erzählen und auf die Lösung dieses Falles zu warten. Ob der Meisterdetektiv jemals geantwortet hat, ist ungewiss. Jahrein, jahraus sitzt er da, in der Sonne und im Schnee, und grübelt. Die Skulptur des Detektivs wurde im Jahr 1988 vom britischen Künstler John Doubleday geschaffen und die Skulptur hat es in sich. Damit den Besucherinnen und Besuchern nicht langweilig wird, wenn sie dem Detektiv beim Nachdenken zuschauen, gibt es für sie ebenfalls einiges zu knobeln. Ganze 60 Rätselzeichen, die auf die berühmten Krimis von Sir Arthur Conan Doyle verweisen, sind auf dem Kunstwerk angebracht. Die Lösungen finden sich im Sherlock-Holmes-Museum gleich nebenan. Fans des klassischen britischen Wohn- und Kleidungsstils werden über dieses kleine, aber feine Museum „very amused" sein. Von William-Morris-Blümchentapete über Häckeldecken und Nippes bis zu Plüschvorhängen, Tabakpfeifen und Tweed-Mützen ist hier die vergangene Zeit aus den legendären Krimis stilecht nachempfunden.

TIPP
Die Reichenbachfälle sind im Frühsommer besonders spektakulär, wenn viel Schmelzwasser ins Tal schießt.

Auch sonst erinnert in Meiringen so einiges an Sherlock Holmes. Denn im Roman „The Final Problem" lieferten sich der Detektiv und sein Gegner in der Gischt der Reichenbachfälle hier in Meiringen einen erbitterten Ringkampf, bei dem Schriftsteller Arthur Conan Doyle seinen Detektiven zu Tode stürzen ließ. Später ist er auf Drängen der Leser wiederauferstanden. Zum Schauplatz des literarischen Sturzes bei dem eindrücklichen Wasserfall führt eine hübsche historische Zahnradbahn hinauf. Wer Action will, findet in der Buchhandlung des Dorfes eine gute Auswahl an Detektivromanen.

- Sherlock-Holmes-Museum, Bahnhofstraße 26, 3875 Meiringen, Tel. +41 3 39 72 60 08, www.sherlockholmes.ch
- ÖPNV: ab Bahnhof Meiringen ca. 1 Minute Fußweg

Natürliches Muskelwohl

24 Wohltuende Murmerli-Salbe von puralpina

Beim Öffnen der Murmeltiersalbe entfaltet sich sogleich der Duft der ätherischen Öle. Die Nase taucht in ein Kräuterbad aus Minze, Lavendel, Wallwurz und mehr ein. Murmeli-Salbe riecht, wie das berühmte Riccola-Kräuterbonbon schmeckt – erfrischend, entrückend und entspannend. Es gibt sie in den Varianten wärmend und kühlend. Nach altem Heilkräuterrezept und aus komplett natürlichen Inhaltsstoffen entfaltet sie die Wirkung auf der Haut. Die wärmende Murmeli-Salbe entspannt steife Muskeln, hilft bei der Regeneration derselben und wirkt sich positiv auf das Wohlbefinden der Gelenke aus. Die kühlende Variante wird bei Zerrungen, Prellungen oder Verstauchungen auf die Haut aufgetragen. Der kühlende Effekt hilft bei der Regeneration der betroffenen Stelle und regt somit die schnelle Heilung an. Gleichzeitig pflegt und beruhigt die Salbe die Haut.

TIPP
Es werden Führungen durch das Familienunternehmen angeboten.

Ihre Heilkraft zieht die Murmeli-Salbe aus Kräutern und Murmeltierfett, das in langer Tradition wegen seiner schmerzlindernden und entzündungshemmenden Eigenschaft angewandt wird. Der Ursprung der Heilwirkung ist inzwischen bekannt. Im Murmeltierfett wurde Cortison nachgewiesen, das für seine entzündungshemmende Wirkung bekannt ist. Keine Sorge: Murmeltiere werden nicht gezüchtet. Sie leben in ihrem natürlichen Umfeld im unwegsamen Gelände in den Alpen. Die größte Population ist im Bündnerland anzutreffen – aber auch im Berner Oberland pfeifen sie hier und dort in den Bergen. Im Herbst bejagen sie ausgebildete Jäger, was zur Kontrolle der Population und deshalb auch zur guten Gesundheit beiträgt. Später wird das Fett ausgelassen, gesammelt und nach Frutigen gebracht, wo puralpina ansässig ist, eine der wenigen Firmen, die Murmeltiersalbe herstellt. Das Familienunternehmen achtet auf eine natürliche Veredelung der Produkte und vertreibt sie in der ganzen Schweiz. Die Produkte können im Hauptgeschäft in Frutigen wie auch in ausgewählten Apotheken, Drogerien und manchmal in Hotels und Dorfläden gekauft werden.

- puralpina, Vorderhasli 1, 3714 Frutigen, Tel. +41 3 36 71 29 48
www.puralpina.ch
- ÖPNV: Bus 230, Haltestelle Frutigen/Achere

MURMELI-KRÄUTERSALBE
WÄRMEND

Voralpengipfel mit Aussicht

25 Ein Türli aufs Walighürli

Dieser Voralpengipfel mit prächtiger Aussicht auf Eiger, Mönch und Jungfrau sowie auf die nahen Dreitausender von Spitzhorn bis zum Oldenhorn ist ein Highlight für die Zwischensaison. Im ersten Schnee aufs Walighürli hinaufstapfen, das mit seiner breiten Gipfelkuppe so freundlich in der frisch geweißten Landschaft liegt – was für ein Glücksmoment! Das Walighürli (2.050 Meter) ist der einfachste und beliebteste der 15 Arnenseegipfel. Diese T2-Bergtour ist für Familien mit wandererfahrenen Kindern geeignet.

Von Gsteig aus führt ein steiler Weg über Stock und Stein den Bergwald hinauf. Im Herbst gibt's hier viele Pilze. Es folgt eine Alpweide mit einem markanten frei stehenden Baum, dann stetig bergan Richtung Schopfi und Vordere Walig. Hier hat das renommierte Palace Hotel aus Gstaad eine Dépendence, wo großstadtmüde Milliardäre in einer frugalen Alphütte die Stille genießen können – standesgemäß bewirtet von einem Sterne-Koch.

TIPP

Sportliche Bergwanderer und Skitourengänger reihen die verschiedenen Arnenseegipfel gern aneinander.

Ab Vordere Walig ist der Weg nicht immer leicht erkennbar. Im Zweifelsfall den Viehpfaden hinauf zum oberen Waldstück folgen. Dem Grat entlang führt ein Weidezaun bis zum Gipfel. Entweder durch den wildromantischen, mit vielen Pilzen bewachsenen Bergwald stapfen oder den Grat entlangkraxeln. Hier blühen nach der Schneeschmelze übrigens viele Pelzanemonen. Auf der vom Winde verwehten breiten Gipfelkuppe warten dann endlich zwei gemütliche Bänkli, ein großes und ein kleines. Auf dem kleinen Bänkli ist „M+M 2014" eingeschnitzt – hier haben sich schon mehrere Wandersleute wohlgefühlt. Sogar ein Gipfelbuch ist vorhanden, in dem sich die Kinder gewiss gern eintragen werden!

Auf dem Walighürli ist das Gras zwar zu jeder Jahreszeit dürr und steppenartig, doch der Ausblick ist atemberaubend! Im Winter wird der Schnee von den Hubschraubern weggefegt, die an schönen Pulverschneetagen fleißig Skigäste hochfliegen. Auch darum gilt: Das Walighürli ist ein Gipfel für die Zwischensaison! Dann stehen die beiden Bänkli verlassen da und warten auf späte Wanderer.

- Walighürli, von 3784 Feutersoey die Arnenseestraße (der Weg ist weiter) oder von 3785 Gsteig den Fuhrenweg hinauf (der Weg ist steiler) Schwierigkeitsgrad jeweils: Bergwandern T2
- ÖPNV: Bus 180, Haltestelle Feutersoey/Dorf oder Haltestelle Gsteig/Post

Walighürli 2050

Unterwegs mit der Baronin

26

Bonstettenpark mit städtischem Flair in Gwatt

Durch Alleen flanieren, unter einem hundertjährigen Baum sitzen und die Weite des Sees bestaunen: Der Bonstettenpark in Gwatt am Südrand von Thun fühlt sich an wie eine Ferieninsel im Treiben der Stadt. Am schönsten ist der Fußweg zum Park mit Start am Bahnhof, der an den Sehenswürdigkeiten Kirche Scherzligen und Schloss Schadau sowie am Strandbad und am Campingplatz vorbeiführt. Der Bonstettenpark liegt direkt am Thunersee, an dessen Ufer ein Flanierweg zu den lauschigsten Plätzchen des Parks führt, zum Beispiel durch das Lustwäldchen oder unter der pittoresken Allee hindurch. Im Park lässt es sich relaxen, Federball spielen, grillieren und den Enten zuschauen. Besonders eindrücklich ist der von einer Ahornbaumallee gesäumte Wasserkanal zum See. Überall gibt es Ruhebänke und Schatten spendende Bäume. Auf den Wiesen können Decken für ein Picknick oder einen Mittagsschlaf ausgebreitet werden. Das Thunerseeufer ist naturbelassen und wildromantisch, grenzt gar an ein Naturschutzgebiet. Nur wenig daneben führt ein Steg hinauf aufs Wasser und bietet eine einzigartige Naturkulisse für romantische Fotos. Von dort sieht man auch auf das Enteninseli, das dem Park vorgelagert ist. Neben dem Park steht das Herrschaftshaus Bellerive mitten in einem hübschen Barockgarten. Im Haus ist die Musikschule Region Thun eingemietet.

In der Romanbiografie von Franziska Streun „Die Baronin im Tresor" lässt sie Betty Lambert, die letzte private Besitzerin der Campagne Bellerive, des Bonstettenguts, wieder aufleben. Durch ihre Recherchen fördert die Autorin Unbekanntes zutage – auch, was das Wirken der Baronin in der Zeit des Zweiten Weltkrieges betrifft. Vor und während des Weltkrieges wirkte sie als Fluchthelferin und ihr Gut war stille Drehscheibe des Widerstands. Sie pflegte Kontakte zur internationalen Welt der Künste, des Hochadels und der Diplomatie. 1960 verkaufte Betty Lambert das Gut an die Stadt Thun und den Kanton Bern mit der Auflage, dass der Park nicht überbaut wird. Das kann man großes Glück nennen.

TIPP

Ab fünf Personen gibt es historische Führungen unter dem Titel „Unterwegs mit der Baronin".

● Bonstettenpark, Gwattstraße 122, 3645 Gwatt (Thun)
www.franziskastreun.ch (Führungen)
● ÖPNV: Bus 1, Haltestelle Gwatt/Seewinkel

Kaffee auf zwei Rädern

27 Gemütlichkeit im Velo Café in Interlaken

Das Velo Café in Interlaken ist ein Ort, wo Frau sich trifft: quatschen und sich dabei etwas Gesundes gönnen. Und gesund schließt lecker nicht aus. Im Angebot stehen Bananenbrot, Falafel Wraps, Velo Café Power Soup mit roten Linsen oder Rote-Beete-Schokoladen-Kuchen. Wenn draußen ein Herbststurm wütet, rettet der Dirty Chai Latte den Nachmittag. Ein Hauch von Zimt ziert das schaumige Milch-Teegetränk. Spätestens wenn der Teebeutel in der milchigen Masse entdeckt wird, ist klar, woher der Zusatz „dirty" stammt.

Die Speisen im Velo Café sind alle vegetarisch, weil Besitzer Rob Hall Fleisch als Kind nicht mochte. Ihm ist es gelungen, dem Café eine Wohnzimmergemütlichkeit zu verleihen. Ledersessel und Polsterstühle im Vintage-Stil umgeben eckige und runde Salontische. Die olivegrünen Wände kombiniert mit dem Eichenholzboden, den großen Lüstern und Lampen in allen Formen verleihen Behaglichkeit. Mit dem Velo Café hat Rob Hall einen einzigartigen, außergewöhnlich femininen Raum geschaffen. Das war dem Sohn einer alleinerziehenden Mutter wichtig. Doch natürlich ist hier jeder willkommen. Obwohl erst 2018 eröffnet, wirkt das Velo Café, als bestünde es seit einer Ewigkeit.

TIPP

Versuchen Sie das Bier Haarige Kuh Karma Citra, von zwei Schotten in Interlaken gebraut.

Wie kam Rob Hall aufs Rad im Namen? Als der Neuseeländer in die Schweiz kam, war er von der eidgenössischen Velokultur begeistert. Mit kleinem Budget kann man damit die Welt erkunden und so den Horizont erweitern, meint er. Deshalb setzt er die Hauptsache ins richtige Licht: Retro-Bikes, die zahlreich im Café ausgestellt und ordentlich beschriftet sind. Einige der Fahrräder stammen aus einer Manufaktur in England, andere von Halls Freund in Interlaken, der nach der Arbeit gerne schraubt. Ein Herrenvelo an der Wand diente mal als Transportmittel für Ski: Zwei Lederriemen tragen die Holzski von anno dazumal. Das Motiv Fahrrad zieht sich durch das ganze Café. Hochwertige Rennradfotos zieren die Wände und die Speisekarte. Eine Bibliothek mit Fachliteratur und Fotobänden unterstreicht die Radbegeisterung. Also, auf den Sattel und hin zum Velo Café!

- Velo Café, Unionsgasse 10, 3800 Interlaken, Tel. +41 3 38 20 30 31
  www.velo-cafe.ch
- ÖPNV: ab Bahnhof West ca. 6 Minuten Fußweg

MENU
CYCLE STYLE

Höchste Berghütte der Welt

28

Mönchsjochhütte auf 3.657 Höhenmetern

Die Mönchsjochhütte ist ein Glücksort, wie es keinen zweiten gibt. Denn obwohl es sich hier um die höchstgelegene Berghütte der Welt handelt, ist sie bei einem einfachen Spaziergang erreichbar. Bequem kommen Glücksuchende mit der Bahn von Grindelwald auf das Jungfraujoch (3.454 Meter). Von dort führt eine gut präparierte Schneepiste direkt hinauf zur Mönchsjochhütte. In einer knappen Stunde Marschzeit werden 200 Höhenmeter bewältigt – auch für Kinder und eher Unsportliche ist dieser Weg problemlos machbar. Rutschfeste Schuhe und winterliche Kleidung sind jedoch ein Muss. Die Höhe macht sich durch eine leichte Beschwingtheit und Entschleunigung bemerkbar: Der Sauerstoffgehalt im Blut nimmt um ein Drittel ab. Dadurch verlangsamen sich die Bewegungen und es fühlt sich an, als würde man in der weiß gleißenden Schnee- und Eislandschaft schwebend einen Schritt vor den anderen setzen. Wichtig: Den Weg niemals verlassen, denn links und rechts vom präparierten Pfad lauern gefährliche Gletscherspalten. Wer die Höhe schlecht verträgt, sollte von dieser Tour absehen.

Die im Jahr 1979 erbaute Mönchsjochhütte ist schon von Weitem sichtbar. Als luftiger Adlerhorst steht sie sehr exponiert auf Stelzen am Ostgrat. Oben angekommen warten eine gemütliche Hüttenstube und kulinarische Köstlichkeiten auf die Gäste. Hüttenwart Yann Roulet legt Wert auf lokale Spezialitäten. Der gebürtige Walliser bietet eine Weinkarte mit auserlesenen Tropfen aus dem Berner Oberland, dem Wallis und anderen Bergregionen. Dazu gibt es währschaftes Essen mit vielen frischen Produkten aus der Region Grindelwald. Wer in der Hütte übernachten möchte, kann sich ab 2 Uhr morgens am reichhaltigen Bergsteiger-Frühstück gütlich tun. Bei Alpinisten ist die Hütte ein beliebter Ausgangsort für große Touren auf die umliegenden Viertausender. Auch wer nur spazieren und kurz einkehren möchte, genießt den Blick auf die imposanten Riesen und über die schier unendliche Weite des Großen Aletschgletschers ins Wallis hinab.

TIPP

Mit der neuen V-Bahn dauert die Fahrt von Grindelwald bis zum Eigergletscher nur noch 15 Minuten.

- Mönchsjochhütte, Obers Mönchsjoch, 3801 Jungfraujoch, Tel. +41 33 971 34 72 www.moenchsjoch.ch
- ÖPNV: Gondelbahn Eiger Express ab Grindelwald Terminal, weiter mit Jungfraubahn

Fondue-Plausch beim Grafen

29

Verwöhnpause im Restaurant Fang in Zweisimmen

Er ist Käser, Schwinger und Gastgeber. Der Obersimmentaler Johann Graf betreibt oberhalb von Zweisimmen das gemütliche Restaurant Fang. Ein Auszeitort und eine Oase des Ruhens. In der Gaststube scheint die Zeit stehen geblieben zu sein. Ächzende Holzböden, stilechte Heidi-Vorhänge und mit Liebe gedeckte Tische versprechen ein Rundum-Verwöhnpaket. Dieses Versprechen löst das Gastgeber-Team allemal ein. Mit dem freundlichen Willkommensgruß im heimischen Dialekt wird dem Gast die erste Aufmerksamkeit geschenkt. Eine gutbürgerliche Küche mit Fleisch aus der Region sowie Schweizer Weinen trägt wesentlich zum Wohlbefinden bei.

Die Königsdisziplin liegt jedoch im hausgemachten Fondue. Johann Graf reist hierfür extra nach Wasen in die Käserei Fritzenhaus, wo er weltmeisterlichen Gruyère einkauft. Den feinsten Bio-Vacherin liest er in der Käserei Heitenried aus und den höhlengereiften Bergkäse kauft er in der Molkerei Schönried, die Johann Graf Jahre lange selbst geführt hat. Die Fonduemischung entsteht jeweils in einem Flow aus guter Laune und Country-Songs – am liebsten von Johnny Cash – im Fondue-Produktionsraum im Restaurant Fang. Mit viel Fingerspitzengefühl mischt Johann Graf die Zutaten, deren Geschmack jedes Mal ein bisschen anders ist. Die Erklärung hierfür ist einfach: Es sind Naturprodukte. Damit das Endprodukt immer gleich schmeckt, weicht die Mischung stets ein bisschen vom Grundrezept ab. Vier Sorten Fondues mischt der Meisterkäser. Das Käsefondue mit Apfelsaft ist alkoholfrei. Es gibt ein würziges Kräuterfondue und ein edles Trüffelfondue. Großer Klassiker bleibt das Fang-Fondue.

TIPP
Die Käsefondues können auch online bestellt werden.

Als junger Mann hatte sich Johann Graf dem helvetischen Schwingsport gewidmet. Ein „Böser“ (Schwinger) ist er jedoch längst nicht mehr. Vielmehr möchte er, dass die Gäste in ihrer kostbaren Freizeit Seelennahrung zu sich nehmen und dass sie nach dem Besuch im Fang glücklich und erfüllt nach Hause gehen.

- Restaurant Fang, Rinderbergstraße 23, 3770 Zweisimmen, Tel. +41 3 37 22 12 56
  www.restaurant-fang.ch
- ÖPNV: ab Zentrum Zweisimmen ca. 50 Minuten Fußweg

Sanft in der Luft wiegen

30

Das Hängemattenparadies von Thun

Wer diesen Laden betritt, wird alsbald ein Schmunzeln im Gesicht zeigen – die Chance ist nämlich groß, in diesen hellen Räumen nahe dem Thunersee Mitinhaber Heinrich Rehmann zufrieden in einer Hängematte schaukelnd vorzufinden. Das tut er ziemlich oft, und zwar berufsmäßig. Zusammen mit seiner Partnerin Katrin Stirnemann widmet er sich seit über 30 Jahren den Hängematten – wobei der Onlineverkauf inzwischen die Hälfte des Umsatzes ausmacht. Viele Kunden schätzen aber nach wie vor das persönliche Probeliegen und -schaukeln und kommen von weit her angereist. So hängt also in diesem Geschäft der Himmel nicht voller Geigen, sondern voller Hängematten. Angefangen hat die Leidenschaft der beiden Thuner bei einer Reise durch Südamerika im Jahr 1984. Zurück in der Schweiz blieb ihnen das schaukelnde Gefühl und so begannen sie, Hängematten auf dem Markt in Bern und Thun zu verkaufen. Später kamen der Laden und der Onlineshop dazu.

Bis heute legen sie Wert auf Fairtrade und arbeiten mit verschiedenen Cooperativas. In Guatemala lassen sie Hängematten in wunderschönen harmonischen Farbverläufen weben sowie in den bei der Friedensbewegung beliebten Regenbogenfarben. Rehmann sagt, für ihn hätten die handgefertigten Stoffe eine Seele. Die kostbarsten Exemplare sind Einzelstücke. Sie werden in einer kunstvollen Webtechnik von den Frauen der Wayuu, der indigenen Bevölkerung in Kolumbien, hergestellt. An den Seiten tragen sie reich verzierte Bordüren oder Verandas, das sogenannte Gehänk. In einem solchen Traum aus Stoff ist der Himmel der Glückseligkeit ganz nah.

Über die Jahrzehnte sind Rehmann und seine Partnerin immer wieder nach Südamerika gereist und haben Kontakte geknüpft. Von jeder Hängematte kennen sie die genaue Herkunft und Geschichte. Und sie frönen ihrer Leidenschaft bis heute mit dem gleichen Feuer der Begeisterung. Wer in einem Stück Stoff liegend über dem Boden schaukeln und vor sich hin träumen möchte, wird hier an Samstagen zwischen 10 Uhr und 16 Uhr garantiert sein Glück finden.

TIPP

In den elastischen Netz-Hängematten aus Mexiko kann man quer oder längs, allein oder zu zweit liegen.

- Hängemattenparadies, Hofstettenstraße 7, 3600 Thun, Tel. +41 3 34 37 00 67 www.haengemattenparadies.ch
- ÖPNV: ab Bahnhof Thun ca. 10 Minuten Fußweg

Zauberhafte Eisfelder

31 Winterwunderland Ice Magic in Interlaken

Im winterlichen Interlaken können alle Eisprinzessinnen und -prinzen 70 Tage während der Wintermonate ihre Pirouetten drehen, bis ihnen vor Glück schwindelig wird. Denn hier können Schlittschuhe ausgeliehen werden. Vor dem verschneiten Bergpanorama kommen ihre Kunststücke noch schöner zur Geltung. Die glatte Eisfläche und dazu die winterlichen Alpen: pure Wintermagie für alle Schlittschuh-Fans und Romantikerinnen. Die Sportlichen werden sich derweil auf dem großen Haupteisfeld mit Tricks und Geschwindigkeit messen und imponieren wollen – auch dafür ist hier genug Platz. Gruppen und Familien finden ihr Vergnügen beim Soft-Hockey und Eisstock-Schießen, wo sie sich mit anderen Gruppen messen können. Sämtliches Sportmaterial steht in genügender Menge zur Vermietung bereit – wie schön, nichts mitnehmen zu müssen und einfach mal alles ausprobieren zu können!

TIPP

Besonders romantisch wirkt die Eisbahnwelt nachts, wenn sie bunt beleuchtet wird.

Auf der großen Kunsteisbahn mitten im Herzen von Interlaken können sich Tänzerinnen wie Hockey-Begeisterte nach Lust und Laune austoben und ihre winterlichen Träume verwirklichen. Wer es romantisch mag, flaniert auf scharfen Kufen über die kurvenreichen Eiswege, die von einem Ausflugsfeld zum nächsten führen, und lässt sich von der aufwendig gestalteten Winterwunderlandwelt bezaubern. Für die jüngsten Schlittschuhläufer steht ein separates Kinder-Eisfeld zur Verfügung, wo die Kleinen mit tierischen Eislaufhilfen ihre ersten Versuche auf der rutschigen Unterlage wagen.

In der überdachten, nicht geheizten Winter Lounge lässt es sich gemütlich beieinander verweilen und entspannen. Und in Gemeinschaft wird jedem doch schnell warm ums Herz. Verschiedene Marktstände bieten leckere Speisen und winterliche Getränke an. Ein heißer Glühwein darf bei dieser Gelegenheit natürlich nicht fehlen! Abends wird im Swiss Chalet Restaurant fein aufgetischt und am Wochenende sorgen nach dem Essen DJs für Stimmung. Die Eis-Discos gehören zweifelsohne zu den Highlights der winterlichen Partywelt im Berner Oberland! Also los, warm anziehen und mitfeiern …

- Ice Magic, 3800 Interlaken, Tel. +41 3 38 26 00 90
  www.icemagic.ch
- ÖPNV: ab Bahnhof Interlaken West ca. 10 Minuten Fußweg oder Bus 102, Haltestelle Interlaken/Kursaal

ICE MAGIC
coop

Schneeschuhlaufen zum Iglu

32

Vom Stockhorn aus über das Nebelmeer blicken

Die Talstation der Stockhornbahn liegt in Erlenbach, mitten im Simmental. Die untere Bahn bringt die Gäste auf 1.636 Meter. Alle, die das legendäre Frühstück im Bergrestaurant Stockhorn genießen möchten, fahren bis nach oben. Wer eine Schneeschuhwanderung plant, steigt jedoch schon nach der ersten Sektion aus. Dort tut sich ein weiß verschneiter Talkessel auf, idealer Ausgangspunkt für Schneeschuhläufer und Winterwanderer. Der gefrorene Hinderstocksee liegt eine angenehme Spazierstrecke entfernt. An dessen Ufer befindet sich das Iglu-Restaurant. Es ist nicht einfach auszumachen, weil sich die Kuppe nur leicht von den Schneehängen rundherum abhebt. An der Bar duftet bereits der Glühwein, doch es lohnt sich, der Versuchung erst einmal zu widerstehen, denn ein einmaliger Schneeschuh-Trail führt entlang des Sees hinauf auf Vorderstocke und schließlich auf das Cheibehore (1.952 Meter). Ist es im Tal grau, gibt es auf dem Cheibehore garantiert ein fließendes Nebelmeer zu bestaunen, aus dem tausend Bergspitzen gucken. Das nennen die Schweizer „cheibe schön", was so viel wie „sehr schön" heißt. Der Abstieg erfolgt über den Oberstockensee. Der ausgeschilderte Rundweg mittleren Schwierigkeitsgrads ist je nach Schneeverhältnissen von Dezember bis März begehbar und dauert etwa 3 Stunden. Gute Schneeschuhe und Wanderstöcke sind ein Muss.

TIPP

Material fürs Eisfischen und Schneeschuhlaufen gibt's in der Mittelstation zu mieten.

Zurück beim Iglu-Restaurant sollte der Glühwein nun gekostet oder noch besser ein Fondue im Restaurant kredenzt werden. Im großen und geräumigen Iglu kann man sich so wohlfühlen. Durch das kunstvoll modellierte Eis mit jährlich wechselnden Motiven ähnelt es einem Eispalast. Holzmöbel, Felle und eine clevere Lichtinstallation verleihen ihm trotz der tiefen Temperaturen Behaglichkeit. Übrigens bietet das Iglu-Dorf Fondueabende und sogar Mondscheintouren an. Eine frühzeitige Reservierung wird empfohlen. Vom Iglu-Restaurant spaziert man in wenigen Minuten zurück zur Mittelstation, wo die Gondel für die Talfahrt wartet.

- Stockhornbahn, Kleindorf 338A, 3762 Erlenbach i. S., Tel. +41 33 681 21 81
www.stockhorn.ch, www.iglu-dorf.com
- ÖPNV: ab Spiez Zug Richtung Erlenbach, Bahnhof Erlenbach

Kunst in der Garage

33 Kulturgarage in Interlaken

In einer ehemaligen Autogarage in Interlaken haben die beiden Künstlerinnen Barbara und Simona Kiener ihr Glück gefunden. Und sie teilen es großzügig mit Gästen von nah und fern. Die Geschwister veranstalten regelmäßig Ausstellungen und Kunst-Events. Von Kleinkunst über Theater bis zu Musik reicht das vielfältige Programm. Während dieser Anlässe ist auch das Restaurant geöffnet, dann kann inmitten von schriller Kunst und verrückten Dekorationen genüsslich getafelt und getrunken werden. Außerdem beherbergen die beiden Künstlerinnen in ihrem Gästehaus im zentralen Wohnhaus der Garage auch Gäste aus aller Welt in exklusiven, traumhaft eingerichteten Studio-Wohnungen für eine inspirierende Auszeit. Diese können auf Anfrage gemietet werden. Schon fast legendär sind übrigens die Vintage-Flohmärkte, die ebenfalls in der Kulturgarage stattfinden. Zweimal im Jahr schmeißen die beiden Schwestern zudem eine rauschende Party – dann wird ihr Kunstatelier für eine Nacht zur Tanzbühne. Wer es bunt und laut mag, wird hier mehr als glücklich werden.

TIPP

Die Künstlerinnen verkaufen exklusive handgemachte Accessoires, die sich als individuelle Souvenirs eignen.

Auch wenn gerade kein Anlass auf der Agenda steht, sind Gäste in der Kulturgarage willkommen. Warum nicht einen Hauch Atelieratmosphäre schnuppern und den kreativen Schwestern bei der Arbeit über die Schulter schauen? Mit etwas Glück landet man dann in einer der riesigen Dekorationsinstallationen, die Simona Kiener für Feste, Bankette und große Festivals kreiert. Oder man kann in dieser bunten Schatztruhe der Lebensfreude vielleicht sogar live miterleben, wie ein Gemälde von Barbara Kiener entsteht oder wie eine Performance Gestalt annimmt. Die Garage selbst stammt übrigens aus dem Jahr 1905 und erzählt von der industriellen Vergangenheit im Zentrum von Interlaken. Zwischen internationalen Gästen und Luxusuhrengeschäften, zwischen Blumenwiesen und Bergen entrollt sich in der Kulturgarage pulsierendes Leben, wie man es eher in einer Großstadt erwarten würde. In seiner enormen Vielfältigkeit ist diese Kreativstätte ein inspirierender Glücksort voller Lebenslust, abgründigem Witz und beflügelnder Dynamik.

- Kulturgarage Interlaken, Harderstraße 25, 3800 Interlaken, Tel. +41 076 379 75 79
www.kulturgarage-interlaken.ch
- ÖPNV: ab Bahnhof Interlaken West ca. 5 Minuten Fußweg

Züge Richtung
Olten

Wo das Goldvreneli wohnte

34

Im Langlaufparadies Gadmen entschleunigen

Rosa Kruck-Tännler ist das Gesicht der Schweizer Münzprägung – und sie war Gadmerin. Ihr Porträt ziert seit 1896 die beliebteste Goldmünze der Schweiz, das sogenannte Goldvreneli. Entdeckt hat sie der Neuenburger Künstler Fritz Ulysse Landry. Er malte die junge Frau bei seinem Aufenthalt auf der Steinalp und verwendete ihr Porträt beim Wettbewerb zur Neugestaltung der Goldmünze. Ein schönes Detail: Der berühmte Volksmaler Albert Anker saß unter anderem in der Jury.

Doch nicht nur das macht Gadmen besonders. Es liegt am Fuße des Sustenpasses, der die Kantone Bern und Uri verbindet. Damals wie heute ist Gadmen ein Ort zum Entschleunigen, denn im Winter ist in Gadmen Endstation. Kurz hinter dem Dorf wird die Straße nicht vom Schnee befreit und der im Sommer lebendige Verkehr kommt zum Erliegen. Es legt sich eine außergewöhnliche Ruhe über das Tal, einzig das Gadmerwasser rauscht unerschrocken ins Tal. Wer die Stille in der Natur genießen will, kann sich auch sportlich betätigen: Entlang des Flusses verläuft eine schneesichere Langlaufloipe. Die Umkleidekabinen und sanitären Einrichtungen hierfür stehen im Nordic Zentrum zur Verfügung. Mitten in Gadmen liegt außerdem die Gadmer Lodge, ein Ort, wo ehrliche Gastfreundschaft gelebt wird. Die Lodge verbindet ein Hotel im Drei-Sterne-Standard (ohne offizielle Klassifizierung) sowie Low-Budget-Mehrbettzimmer mit zwei Restaurants.

Früher drückten in der Gadmer Lodge Kinder die Schulbank. Nach der Schließung stand es einige Jahre leer, bis sich Einheimische in einer Genossenschaft organisierten und das Haus komplett renovierten. Ein modernes und gleichermaßen gemütliches Haus in sanften Braun- und Grautönen ist entstanden. Die Holzstabellen stehen auf Holzparkett, in der Bruchsteinwand ist ein Cheminée (Kamin) eingelassen und entfremdete Kuhglocken dienen als Leuchter. Das Projekt Gadmer Lodge steht sinnbildlich für das Tal, das mit der Abwanderung zu kämpfen hat. Alle stehen zusammen, schaffen Arbeitsplätze für Einheimische und verleihen dem Dorf Seele und Leben. Und das kann man spüren.

TIPP

Für alle Arktis-Fans: Alljährlich Ende Februar findet in Gadmen ein Schlittenhunderennen statt.

- Gadmer Lodge, Hotel & Restaurant, Gadmen 283a, 3863 Gadmen, Tel. +41 3 39 75 00 30, www.gadmerlodge.ch
- ÖPNV: Bus 172, Haltestelle Gadmen/Post

GADMER LODGE

Leseauszeit in Spiez

35

Die schönste Bibliothek im Berner Oberland

An ein Büchergestell erinnert das Bibliotheksgebäude in Spiez, das von den innovativen Bieler Bauzeit Architekten entworfen wurde. In die massiven Holzkanten der Fassade sind rund 170 Buch- und Spieltitel eingefräst, wie zum Beispiel „Der Fremde" von Albert Camus. Fremd hingegen muss sich in Spiez niemand fühlen – vielmehr heimisch, denn die Bibliothek steht allen offen, die einen Platz zum Verweilen suchen. Die Bibliothek wurde als sogenannter Dritter Ort neben der Familie und der Arbeit geschaffen. Ein Ort der Inspiration oder wo man mit anderen Menschen in Kontakt kommen kann. Wie grüne Tupfen stehen Tischchen und Stühle im Vorhof. Sie laden ein, Platz zu nehmen, sich in der LesBar einen Kaffee und hausgemachtes Gebäck zu bestellen und Mußestunden zu genießen.

TIPP

Hinter der LesBar steht ein Team von Freiwilligen, das duftende Kuchenstücke backt.

Das Innere der Bibliothek ist großzügig eingerichtet. Bequeme Lesestühle wechseln sich mit Arbeitstischen und einer kleinen treppenartigen Theaterbestuhlung ab, wo Kinder vortrefflich Platz finden. Dazwischen stehen, einer Schatztruhe gleich, Tausende Bücher. Hat man es sich einmal bequem gemacht, ziehen die Gedanken los. Erst im Raum und dann durchs große Panoramafenster auf die Blumenwiese. Sie laben sich am Nektar, wärmen sich an der Sonne und verstecken sich vor dem Regen. Fliegt der Geist aus und genießt einen Moment der Freiheit, bereitet sich Glückseligkeit aus, die uns später im Alltag trägt. Dieser Moment wird verlängert, wenn man sein Lieblingsbuch aus dem Regal zieht und darin eintaucht, bis die Lichter in der Bibliothek gelöscht werden. Hinter der Bibliothek steht ein tolles Team, das Geschichtenstunden, Lesungen, Gaming-Events und vieles mehr organisiert. Die Bibliothek ist in der Regel täglich, außer am Sonntag, geöffnet. Nur in den Sommerferien werden die Öffnungszeiten etwas angepasst. Ein Blick auf die Website zur Information lohnt sich also.

- Bibliothek Spiez, Sonnenfelsstraße 1, 3700 Spiez, Tel. +41 3 36 54 55 80
  www.bibliothek-spiez.ch
- ÖPNV: ab Bahnhof Spiez ca. 15 Minuten Fußweg

Wo die Soldanellen blühen

36

Bergfrühling auf dem Weg zur Mittagsfluh

Als eindrücklicher Kalksteinblock ragt die Mittagsfluh über Boltigen im Simmental gut 1.000 Meter hoch in den Himmel. Da hinauf? Sieht anspruchsvoll aus! Tatsächlich ist die Mittagsfluh als T3-Bergwanderung machbar. Erfahrung und Trittsicherheit sind im oberen Bereich gefordert, aber die Besteigung ist nicht halb so schwierig, wie sie von unten aussieht. Und auf dem Gipfel lockt ein richtiges Kreuz, mit Gipfelbuch. Besonders glücklich macht an dieser überschaubaren, etwa dreistündigen Bergwanderung die Aussicht auf die ganzen Berner Alpen bis nach Interlaken hinunter. Die Normalroute führt von Boltigen her das idyllische Tal dem Stampfibach entlang nach Tubetal. Von dort führt der Weg links am Waldrand entlang zur Alp Ramsere hinauf. Von hier ragt imposant die Ostwand der Mittagsfluh 500 Meter bolzengerade hinauf. Der Weg führt nun durch eine Schutthalde und dann steil den Bergwald hinauf zur Nüschlete. Ein steiles Couloir führt nun direkt zum Gipfel hinauf, das bei trockenen, schneefreien Verhältnissen gut begehbar ist.

Wer nur den sicheren Weg bis zu den beiden Alpen hinaufgehen will und sich das Couloir zum Gipfel hinauf nicht zutraut, wird aber auch Freude haben an dieser Wanderung. Denn hier kommt man auf recht einfache Art und ohne komplizierte Anreise in den Genuss der schönsten Bergblumen. Von Krokussen und Schlüsselblumen bis zu den zartlila angehauchten Soldanellen, die praktisch aus den schmelzenden Schneefeldern herauswachsen, findet sich hier eine reiche Bergflora. Selbstverständlich gibt es an der Mittagsfluh auch anspruchsvollere Kletterrouten, die besonders in der Zwischensaison wegen der kurzen Anreise beliebt sind. Wer Herausforderungen im Fels liebt, wird an den Boltiger Türmen glücklich werden. Nebst der Mittagsflue locken nämlich auch das Trimlenhorn (1.982 Meter) und das Holzerhorn (1.946 Meter) zur Besteigung. Diese schönen Kalkfelsen beherbergen beliebte Kraxel- und Kletterrouten. Die markante Chemiflue mit dem Jümpferli lässt das Herz geübter Kletterfans höherschlagen.

TIPP

Mutige rutschen im Frühling das Schneefeld zwischen Mittagsfluh und Holzerhorn hinunter zur Ramseren.

- Mittagsfluh, oberhalb von 3766 Boltigen, Auskunft über Routen, Wanderleiter und Bergführer: Lenk-Simmental-Tourismus: Tel. +41 3 37 36 35 35 www.lenk-simmental.ch
- Schwierigkeitsgrad: Bergwandern T3

Mit viel Pep

37 Kaffee und Kreatives im "The Mad Cow" in Unterseen

Die Australierin Kim White verliebte sich auf einer Backpacker-Reise in den Ort Interlaken und ist geblieben. Sie hat Modedesign studiert und ist heute Inhaberin und Geschäftsführerin von „The Mad Cow", einem Ort, an dem es Kaffee, Geschenkartikel und Kreativkurse gibt. Das Geschäft im Bohemian-Stil hat einen Ladenteil und einen großzügigen Teil für Kaffee und Handwerk. Ein 3 Meter langer Eichentisch und ein in Rot- und Orangetönen verzierter Tisch laden zum Basteln ein. In Workshops mit Kim White und ihren Freundinnen aus der ganzen Schweiz wird Makramee geknüpft, Schmuck hergestellt sowie Dekor und Möbel upgecycelt. Dazu werden Lieblingsmöbel von zuhause mitgebracht und mit einer oder mehreren Techniken aufgepept. Beispielsweise mit Chalk-Paint-Farbe von Annie Sloan. Die matten Farben wirken je nach Anwendung rustikal, abgesplittert oder strahlen im Vintage Look. Einen romantischen Anstrich erhalten die Möbel, wenn die Serviettentechnik angewendet wird. Die aufgetragenen Blumen- oder Vogelmotive erinnern an Seidentapeten aus dem 18. Jahrhundert. Kinderkurse mit Deko-Upcycling sind besonders beliebt. Im „The Mad Cow" serviert Kim White Kaffee und Kuchen oder ein Glas Prosecco. Kleine Grüppchen kehren gerne hier ein, um einen Junggesellinnenabend zu feiern und ganz nebenbei eine Kleinigkeit zu basteln.

TIPP

Einen Göttertrank auf der Retroterrasse direkt an der Aare trinken.

Im Ladengeschäft kommen Menschen mit einem Bewusstsein für Nachhaltigkeit besonders auf ihre Kosten. Handgemachte Seifen der Nischenmarke „C'est Joli" verströmen ihren Duft. Sie stehen in den Aromen Bourbon-Vanille mit drei getrockneten Rosenköpfchen und Provence mit Lavendel zur Verfügung. Sie sind rückfettend und deshalb ungemein pflegend. Und besonders: Sie werden nicht mit Palmfett hergestellt, sondern mit Olivenöl, Kokosnussöl, Rapsöl und Nachtkerzenöl. Ebenfalls zu kaufen gibt es Lesezeichen mit der genauen Anleitung zum Handlesen, was natürlich mit einem Augenzwinkern zu verstehen ist, und ein Reise-Set „Wäscheleine mit Wäscheklammern" aus recycelten Jeans.

- The Mad Cow, Spielmatte 1, 3800 Unterseen, Tel. +41 7 97 83 44 16
www.themadcow.ch
- ÖPNV: Bus 104, Haltestelle Stadthausplatz/Unterseen

Meditieren mit Naturtönen

38 Alphornatelier in Schönried

Wie eine überlange Friedenspfeife bringt das Alphorn die Menschen einander näher. Früher grüßte es übers Tal hinweg ins nächste Dorf hinüber und lockte auch die Kühe an. Heute ist das Alphorn als lebendige Folklore von Schwing- und Älplerfesten nicht wegzudenken. Wer davon träumt, einmal selbst in ein Alphorn zu blasen, wird sein Glück bei Fritz Frautschi in Schönried finden. Der Musiklehrer, Musik- und Komplementärtherapeut stellt in seiner Werkstatt Mundstücke her und verkauft Alphörner. Seine handgemachten Mundstücke verkauft er an Alphornbläser in aller Welt. In Schnupperstunden kann man bei ihm auch einmal selbst in ein Alphorn blasen und die Klänge auf sich wirken lassen. Für Neulinge ein unbeschreiblich gutes Gefühl.

Ein gutes Alphorn wird aus Fichten-Mondholz hergestellt. Früher wurden an Steilhängen wachsende, von der Schneelast gekrümmte Tannen verwendet. Das traditionelle Alphorn in der Schweiz ist in Fis/Ges gestimmt und ist etwa 340 Zentimeter lang. Die Töne entstehen durch die Schwingung der Lippen. Bei der pentatonischen Naturtonleiter gibt es zwei „falsche" Töne: das berühmt-berüchtigte Alphorn-Fa (das Fis) sowie das B. Diese erzeugen für Laien irritierende „falsche" Schwingungen. Auch der ursprüngliche Jodel, der gregorianische Gesang oder die Gesänge der Eskimos basieren auf dieser pentatonischen Tonleiter. Die traditionellen Melodien sind oft einfachste, eingängige Tonfolgen, die eng mit den Naturjodelmelodien verwandt sind und eine beruhigende Wirkung haben. So wurden früher die Kühe zum Melken in den Stall gelockt. Darum heißen die Melodien auch Kühreien oder nebenan im Pays d'En Haut „Les Ranz des Vaches". Fritz Frautschi engagiert sich zusammen mit anderen Alphornbläsern seit Jahrzehnten für die Lebendigkeit dieser Kultur. Seit 1995 organisiert er die Schönrieder Alphorntage sowie ein Alphorn-Wochenende auf dem Hornberg auf 1.800 Meter, bei dem auch Anfänger und Anfängerinnen willkommen sind. So schallen jedes Jahr frische Alphornklänge von den Alpen und erfreuen Gäste wie Einheimische.

TIPP

Mehrmals im Jahr finden im Saanenland öffentliche Konzerte mit bis zu 30 Alphornbläsern statt.

- Alphornatelier Frautschi, Waldmattenstraße 12, 3778 Schönried, Tel. +41 3 37 44 58 36, www.alphornatelier.ch
- ÖPNV: ab Bahnhof Schönried ca. 2 Minuten Fußweg

Blumenmeer mit Eiger

39 Botanischer Alpengarten Schynige Platte

Wer in Ruhe die Vielfalt der Alpenblumen bestaunen möchte, ohne sich selbst zu arg ins Hochgebirge vorzuwagen, ist auf der Schynige Platte oberhalb von Wilderswil genau richtig. In diesem botanischen Alpengarten blühen über 750 aller 900 Alpenpflanzen, die in der Schweiz vorkommen. Der Alpengarten befindet sich am Fuß einer Bergflanke aus Schiefer, der bei Regen schimmert, daher der Name „scheinende" Platte. Auf hübsch angelegten, verschlungenen Weglein lassen sich Edelweiß und Enzian entdecken, ohne dass man sich groß anstrengen muss. Jede Blume wird an ihrem natürlichen Standort und in der natürlichen Pflanzengesellschaft gezeigt, was für Gartenfans lehrreich ist – am besten gedeiht der Heimgarten ja meist, wenn man von der Natur abschaut.

TIPP

Ausgangsort für die lohnende Wanderung zum Faulhorn, wo nebst Blumen zahlreiche Murmeltiere zu sehen sind.

Der artenreichste Standort ist die Blaugrashalde, wo über 50 Arten pro Quadratmeter vorkommen. Hier sind Edelweiß und Paradieslilien daheim. Wenn die Blumen sich versamt haben, wird alles mit einer scharfen Sense gemäht und das Heu entfernt, damit sich die Vielfalt erhalten kann. Insgesamt gibt es auf der Schynigen Platte 14 verschiedene Pflanzengemeinschaften, zum Beispiel Rostseggenhalden, ein Alpines Flachmoor, ein Kalk/Silikat-Schneetälchen, ein Urgesteinsfeld, Zwergstrauchheiden und viele mehr. In dem sonnigen Riviera-Quartier wachsen Pflanzen aus den südlichen Gebieten der Schweiz wie Jupiter-Lichtnelken, Feuerlilien und der legendäre Affodill.

Unter der Leitung eines Botanikers der Universität Bern werden im und um den Alpengarten Projekte von Studierenden durchgeführt. Nebst Forschung und Lehre geht es auf der Schynige Platte auch darum, gefährdete Alpenpflanzen zu erhalten und zu vermehren. Ein Drittel der Pflanzen aus dem Alpengarten ist in der Natur bereits gefährdet, weil immer mehr Blumenwiesen verganden oder überdüngt werden. Umso wichtiger ist die prächtige botanische Arche Noah auf der Schynigen Platte.

- Alpengarten Schynige Platte, 3800 Interlaken, Tel. +41 3 38 28 73 76, von Juni bis Oktober
- ÖPNV: ab Bahnhof Wilderswil Nostalgie-Zahnradbahn aus dem 19. Jahrhundert (Tickets reservieren: www.jungfrau.ch)

Asphodelus albus
Affodill
Trockene Hänge
CH:Wallis,Tessin

Winterliche Skulpturenkunst

40

World Snow Festival in Grindelwald

Bei diesem internationalen Festival geht es eiskalt zu und her. Künstlerinnen und Künstler aus aller Welt treffen sich jeden Januar zum World Snow Festival in Grindelwald, um einen Wettbewerb der ganz besonderen Art auszutragen. Rund ein Dutzend verschiedene Länder-Teams schnitzen nämlich aus 3 Meter hohen Eisblöcken vergängliche Skulpturen, die anschließend von einer Fachjury bewertet werden. Das Publikum kann ebenfalls seine Favoriten wählen. Die Geschichte des World Snow Festival geht zurück bis ins Jahr 1983. Damals baute ein Team aus Japan eine riesige Heidi-Figur aus Schnee und legte damit den Grundstein für das eisige Festival. Seither ist es zu einer viel beachteten Tradition und zu einem beliebten Treffpunkt für Klein und Groß geworden.

TIPP

Heizbare Socken anziehen, Handwärmer in den Manteltaschen und eine Thermosflasche mit heißem Tee mitnehmen.

Auf verschiedenen Plätzen in Grindelwald sowie auf dem Männlichen sind die Kunstwerke zu bestaunen. Interessant ist es, den Künstlerinnen und Künstlern bei der Arbeit über die Schulter zu schauen. Während einer Woche arbeiten sie von 8 Uhr morgens bis 17 Uhr abends mit Schaufeln, Sägen, Meißeln, Spachteln und anderem Werkzeug. Manche der Teilnehmenden sind in ihrem Berufsleben Stein- oder Holzbildhauer, andere sind begeisterte Amateure. Je fragiler, verrückter und poetischer die vergänglichen Kunstwerke aus Eis aussehen, desto besser. Nebst Gesichtern von historischen oder mythischen Figuren, Tieren, Märchenfiguren und Fantasiewesen wie Einhörnern oder Ufos sind architektonische Skulpturen mit gewagter Statik eine besondere Herausforderung. Wer weiß, vielleicht lässt sich der eine oder andere Trick für die eigenen Schneeskulpturenversuche daheim im Garten abgucken? Wer diese Vorstellung zu anstrengend findet, begnügt sich mit wundervollen Fotos von den entstehenden Projekten und den engagierten Schneekunstschaffenden. Um die märchenhafte Stimmung noch weiter zu betonen, werden die fertigen Kunstwerke in den Abendstunden bunt ausgeleuchtet.

World Snow Festival, 3818 Grindelwald. Tel. +41 3 38 54 12 12
www.grindelwald.swiss

Am Ende der Welt

41 Berghotel Restaurant „Zur Sau" in Abländschen

Manche nennen das Dorf Abländschen schlicht „das Ende der Welt". Aber das greift viel zu kurz. Denn in Abländschen ist zwar tatsächlich nichts los. Da ist einfach nur Ruhe. Ruhe und nochmals Ruhe. Es gibt auch praktisch keinen Mobilfunkempfang. Tschüss, Welt, tschüss, Probleme. Doch hier kann man mal richtig abschalten und tief durchatmen. Einfach sehr gut essen und sehr gut schlafen, nach Lust und Laune wandern gehen oder auch nur faul auf der Terrasse liegen und in die Sonne blinzeln. Hier wird garantiert jedem gestressten Stadtmenschen und allen Erholungsbedürftigen sauwohl ums Herz!
Vom Simmental her erreicht man Abländschen über den Jaunpass oder vom Greyerzerland her über das freiburgische Jaun. In dem winzigen Bergdorf am Rand des Kantons Bern leben 40 Kühe und drei Bauernfamilien. Mitten in dieser Idylle liegt das Berghotel „Zur Sau". Der junge Wirt Clà Frei und sein Team kochen und wirten hier mit großem Engagement, wobei ihnen die lokale Wertschöpfung besonders am Herzen liegt. Auf den Teller kommen hauptsächlich Produkte aus dem Tal. Duroc-Schweine mit besonders zartem Fleisch werden hier gezüchtet, ebenso wie Perlhühner. Roggen und Dinkel sowie Kartoffeln werden in einer Dreifelderwirtschaft angebaut. Brot und Züpfe backt eine Familie aus dem Dorf und auch der Käse stammt aus Abländschen.
Die Zimmer sind individuell und mit viel Liebe eingerichtet. Es gibt zwei Gaststuben, einen geschmackvoll restaurierten Salon, ein Fumoir und eine große Terrasse. Der Stil ist ländlich-rustikal, aber zurückhaltend und nüchtern genug, damit viel Luft bleibt für die eigenen Gedanken und Träume. Und wie „die Sau" zu ihrem Namen kam, das erfahren die Gäste in einem eigens für das Hotel geschriebenen, typographisch wunderschön gestalteten und in Leinen gebundenen Büchlein, das der Gstaader Hotelier und Doyen vom „Zur Sau", Thomas Frei, zusammen mit Schriftsteller Willi Näf und Illustrator Andrea Caprez geschaffen hat.

TIPP

Die Rohmilch-Kräuterbergkäse aus Abländschner Milch von der Käserei Jaun unbedingt probieren.

- Berghotel „Zur Sau", Abländschenstraße 55, 1657 Abländschen, Tel. +41 2 69 29 85 50, www.bergdorf-ablaendschen.ch
- ÖPNV: Alpentaxi Charmey (Tel. +41 7 92 55 10 07, vorreservieren) oder zu Fuß 1,5 Stunden ab Jaun Dorf

Chance für verletzte Vögel

42

Alpenvogelpark Ischboden bei Grindelwald

Hier finden nicht nur verletzte Vögel aus dem Alpenraum eine zweite Lebenschance – sondern auch alle Tierfreunde und Vogel-Liebhaberinnen werden in der Vogelstation Ischboden in Grindelwald glücklich. Wo sonst ließe sich eine Schnee-Eule oder ein Auerahn in aller Ruhe aus nächster Nähe bestaunen? Und es ist eben nicht wie im Zoo, wo einen angesichts der eingesperrten Tiere oft ein beklemmendes Gefühl beschleicht. In der Vogelstation sind die Tiere zu ihrem eigenen Wohl eingesperrt. Denn erst einmal müssen die verletzten oder kranken Vögel verarztet und gepflegt werden. Diejenigen, die wieder gesund genug sind und gut genug fliegen können, damit sie alleine Futter finden und in der Natur überleben können, werden freigelassen. Einige sind aber zu krank oder können nicht mehr fliegen, dann dürfen sie hier ihr weiteres Leben im geschützten Rahmen verbringen und werden von Freiwilligen liebevoll gepflegt und aufgepäppelt.

Insgesamt neun Volieren stehen für die verschiedenen Vogelarten zur Verfügung. Unter den gefiederten Pensionären befinden sich Auerhähne und Kolkraben, zwei Arten, die beide recht selten und geschützt sind. Besonders den schwarzen Auerhahn findet man in freier Wildbahn äußerst selten. Aber auch die häufig vorkommenden Mäusebussarde sind hier aus der Nähe zu bestaunen. Außerdem leben diverse Eulen und Uhus auf dem Ischboden. Die Schleiereule ist hier ebenso vertreten wie die weiße Schnee-Eule und der große Uhu, von dem in der Schweiz inzwischen wieder 120 Brutpaare wild leben. Auch Käuzchen gibt es im Vogelpark. Wer ein Geschenk sucht, um Tierfreunde glücklich zu machen, oder selbst etwas zum Wohl der Vögel beitragen möchte, kann eine Patenschaft für einzelne Tiere übernehmen.

Der Vogelpark Ischboden liegt an der Straße von Grindelwald auf die Große Scheidegg. Er ist entweder direkt mit dem Postauto erreichbar oder aber vom Restaurant Wetterhorn aus in einem Fußmarsch von 45 Minuten. Geführt wird diese kleine Oase der Ruhe und der Tierliebe vom Ornithologisch-Botanischen Verein Grindelwald.

TIPP

In der Nähe bietet das gemütliche Bergbeizli Ischbodenhütte Speis und Trank (www.ischbodenhuette.ch).

- Alpenvogelpark Ischboden, 3818 Grindelwald
  www.alpenvogelpark.ch
- ÖPNV: Bus 128, Haltestelle Grindelwald/Alpenvogelpark

Die schönste Miss

43

Älplerfest und Misswahl an der Lenk

An der Lenk gibt es jedes Jahr eine neue Miss. Sie wird von den Älplerfest-Zuschauern gewählt. Während bei einer Profi-Jury Milchmenge, Risthöhe, Körperbau und Muskelaufbau im Zentrum stehen, ist das hier anders und es werden Kriterien wie Kopfform, Ausdruck der Augen und Muster des Fells bewertet. Gewiefte Leserinnen und Leser haben längst erraten, dass an der Lenk eine Kuh zur Miss gekürt wird.

In den vergangenen Jahren gewann jeweils eine Original Simmentalerin. Die weiß-beige Kuh gilt als robust und friedfertig. Ihre solide Milchleistung gepaart mit guter Fleischqualität wird besonders geschätzt. Der große Missen-Tag ist jeweils an einem Samstag mitten im Oktober, wenn das große Älplerfest gefeiert wird. Alle Bewohner sind dann auf den Beinen. Auf dem Marktplatz werden die schönsten Tiere ausgestellt. Daneben stehen Marktstände mit handgefertigter Ware aus dem Obersimmental und aus der Lenk. Handarbeiten aus Stoff, Wolle und Holz sowie feine Leckereien aus der Küche und vom Hof werden feilgeboten. Besonderen Anklang findet der Alp- und Hobelkäse, der im Sommer auf der Alp in Handarbeit auf dem Feuer hergestellt wird. Auch Heilpflanzen aus dem Simmental sowie Holzprodukte aus der Werkstatt der Institution Bergquelle – betreutes Wohnen und Werken – gibt es zu erstehen. Jodel, Schwyzerörgelimusik oder Alphornbläser verleihen neben Bergbauernbärten und Tabakspfeifen ein uriges Ambiente. Zu einem echten Bergfest gehören auch Raclette und gegrillte Würste. Am Abend wird im Festzelt getrunken und getanzt, bis der Tag anbricht.

Noch ein Wort zu einer Schweizer Eigenheit: Nach der Alpzeit, wenn die Landwirte ihr Vieh von der Alp- in den Talbetrieb treiben, ist das Vieh blumengeschmückt. Mächtige, wohlklingende Treicheln hängen an ihren muskulösen Hälsen, die frische Bergluft mischt sich mit dem Schweiß der Tiere und erinnert daran, woher die Milch stammt. Diesen Umzug nennt man Züglete. Viele Einheimische wie Gäste schätzen die Züglete und betrachten sie vom Straßenrand aus. Immer ein tolles Spektakel!

TIPP

Lenker Alp- und Hobelkäse schmeckt ausgezeichnet. Er kann in Molkereien und auf Höfen gekauft werden.

● Marktplatz, 3775 Lenk im Simmental
www.lenk-simmental.ch
● ÖPNV: ab Bahnhof Lenk ca. 5 Minuten Fußweg

Der schönste Grenzgrat

44 Augenzwinkernder Seeblick vom Wittenberghorn

Wie ein schlafender Drache liegt das Wittenberghorn von Gstaad und dem Wasserngrat aus gesehen in der Landschaft. Friedlich räkelt es sich mit seinem langgezogenen, ziselierten Grat am Horizont. Auf seinem gefurchten Rücken verläuft die Grenze zwischen den Kantonen Bern und Waadt. Dieser prägnante Berg mit der breiten, im Winter leuchtend weißen Flanke ruft geradezu nach einer Besteigung. Wer hinaufsteigt zum Gipfel (2.350 Meter), wird mit einem grandiosen Rundblick belohnt. Für Geübte ist eine Tour aufs Wittenberghorn gut machbar. Die Normalroute wird als T3 eingestuft, als anspruchsvolle rot-weiße Halbtagestour. Gute Trittsicherheit ist Voraussetzung, um die rund 1.300 Höhenmeter sicher zu bewältigen. Auch eine warme Windjacke muss mit, denn auf dem exponierten Grat ist es meist recht windig. Im Sommer eine willkommene Abkühlung.

Von Feutersoey aus führt eine gebührenpflichtige Straße den Tschärzisbach entlang bis zum Gritteli und zur Schüpfenweid. Dort kann geparkt werden. Oder man nimmt das Postauto bis Feutersoey und geht von dort zu Fuß hinauf. Ab der Schüpfenweid ist der Bergweg gut ausgeschildert. Der Aufstieg führt über die Underi Schüpfenweid zum Ussere Wittenberg und dann steil die Alpwiesen hinauf Richtung Meielchälen. Auf dem Grat gilt es ein wenig zu kraxeln zwischen Steilgras und Steinblöcken, hier im Zweifelsfall links halten.

TIPP
An den Steilhängen Richtung Arnenhorn können frühmorgens mit etwas Glück wilde Steinböcke beobachtet werden.

Beim Gipfelkreuz oben erwartet die wackeren Wanderer ein spektakulärer Rundblick über die zahlreichen Gipfel des Saanenlandes und der Waadtländer Alpen sowie eine einmalige Sicht auf die Nordflanken von Les Diablerets bis zum Wildstrubel. Im Hintergrund ragt das Oldenhorn in den Himmel – Postkartenaussicht pur!

Vor allem aber zwinkert einem von weit unten wie ein großes tiefblaues Auge der Arnensee zu, der mit seinem 17 Meter hohen Erdschüttdamm den Tschärzisbach staut. Er liegt eingebettet in ein Gesicht aus Steilwald und wird gesäumt von kleinen Stränden, die sich wie Lider um das Auge schmiegen.

● Wittenberghorn, im Sommer ab 3784 Feutersoey aus in Richtung Schüpfenweid, im Winter ab 3783 Meielsgrund als anspruchsvollere Skitour
Schwierigkeitsgrad: Bergwandern T3

Weißer Pistenteppich

45 Familiärer Skiplausch auf dem Hasliberg

Die Kirche steht in den allermeisten Schweizer Dörfern zentral auf einer kleinen Anhöhe, drumherum Dorfplatz, Pfarrhaus und andere historische Gebäude. In Reuti/Hasliberg stehen statt des Kirchengebäudes die Talstationen der Bergbahn wie ein Heiligtum im Zentrum des Dorfes. Aus gutem Grund: In dieser einst mausarmen Gegend brachte der aufstrebende Tourismus des ausklingenden 19. Jahrhunderts die Wende zu Fortschritt und Wohlstand. Heute verfügt Hasliberg Insidern zufolge über die höchste Skilehrer- und Bergführerdichte der Schweiz. Und das Skigebiet hat einiges zu bieten! Der Hasliberg besteht aus den vier Dörfern Hohfluh, Wasserwendi, Goldern und Reuti. Im Weiler Twing und im Dorf Reuti befinden sich die beliebtesten der Talstationen ins familiäre Skigebiet Hasliberg. Von Reuti führt die Gondelbahn zur Mittelstation Bidmi mit einem Hochtalkessel, der als eigentliches Schneesportzentrum betitelt werden kann. Dort befinden sich die Skischule, das Skiparadies und eine Loipe für Einsteiger. Im beliebten Restaurant Bidmi schmeckt das Essen besonders gut. Ein Hingucker ist auch das Bergrestaurant Käserstatt, das im Alpenchic-Stil lockt.

Die schönsten Skipisten finden sich beim Restaurant und bei der Bergstation Alpen Tower, wo die Zeit nebensächlich wird. Die Ski schneiden sich in die hart gepressten Pisten, der aufgewirbelte Schnee glitzert in der Sonne. Kurve an Kurve, Fahrt an Fahrt, bis die Beine schwer werden. Dann bringt das Panoramarestaurant Alpen Tower Erholung, wo im Sommer auf Reservierung ein ausgedehntes Frühstückbüfett bereitsteht. Vor dem Restaurant liegt der flache, für Besucher präparierte Grat, der dazu einlädt, einen Moment auf 2.239 Metern zu verweilen und die Welt von oben zu bestaunen. Von den Innerschweizern bis zu den Berner Alpen ist alles zu sehen: Titlis, Sustenhorn, Engelhörner und der Eiger, der sich nur von dieser Seite als flache Scheibe zeigt. Sogar die Bergstation Erzegg des Innerschweizer Skiorts Melchsee-Frutt ist bei schönem Wetter auszumachen. Genauso einmalig: die Sicht auf das einsame Gäntel- und das Gadmertal, denn hier zeigen sich Steingletscher und Triftgletscher ebenso wie der Brienzersee. Panorama pur!

● Gondelbahn Reuti, Engi 485a, 6086 Hasliberg Reuti, Tel. +41 33 550 50 50
www.meiringen-hasliberg.ch

Steak mit Alpenblumen

46

Kulinarische Verwöhnpause auf dem Rossberg

Den entspannenden Aufenthalt auf dem Rossberg muss man sich etwas verdienen. Bereits im Tal weist ein Wegweiser in Oberwil im Simmental zum Rossberg. Nach rund 4 Kilometern tut sich ein Hochplateau (auf 1.133 Meter) mit sanft geschwungenen Hügeln auf – ein Ort der behaglichen Ruhe, wo die Glocken der Kühe den Ton angeben und die Bergbauern Alpkäse auf Holzfeuern produzieren. Man erzählt sich, der Name „Rossberg" stamme aus der Zeit Napoleons, als er die robusten Erlenbacher Arbeitspferde für seine Feldzüge aufkaufte. Da die Bergbauern ohne ihre wertvollen Arbeitstiere zurückblieben, sollen sie dort einige Tiere vor Napoleons Augen versteckt haben. Heute kehren glückliche Wanderer, Skitourengänger, hungrige Motorradfahrer und andere Genussmenschen im Gasthaus Rossberg ein. Die sympathische Du-Kultur erfrischt und leitet eine ausgedehnte Verwöhnpause ein.

Die Rossberger halten viele kleine Überraschungen bereit. Eine kreative Hand in der Küche interpretiert währschafte Gerichte neu, beispielsweise mit anregenden Gewürzkombinationen und Alpenblumen. Nach einer langen Wanderung oder einem E-Bike-Ausflug entspannen die Muskeln im Hotelbett oder im Whirlpool vor dem Haus. Im Sommer können die E-Bikes gratis geladen und im Winter Schneeschuhe gemietet und zu Wanderungen ausgeführt werden. Das Gasthaus (bitte reservieren) liegt nur 5 Minuten Fußmarsch von der Talstation des Skilifts Rossbergs entfernt. Klein, aber fein präsentiert sich das Angebot für Skifahrer, Langläufer, Schlittler, Spazier- und Schneeschuhgänger. Auf einer Snowtube-Bahn toben sich die Abenteuerlustigen aus. Eine Trouvaille der besonderen Art befindet sich neben der Talstation des Skilifts: Ein lang gezogenes Sägereihaus liegt am rauschenden Bergbach. Ein aus einheimischem Holz gefertigtes Wasserrad dreht nach den Launen des Baches und spritzt alle voll, die zu nahe stehen. Wie schön, auf dem sonnenbeschienenen Waldboden Platz zu nehmen, die Erde zu spüren und sich von der Wasserkraft in eine neue Welt tragen zu lassen …

TIPP

„Zwätschge-Lisi"-Dessert mit lauwarmen Rotweinzwetschgen, Vanille- und Zimteis probieren.

Gasthaus Rossberg, Rossberg 557, 3765 Oberwil im Simmental, Tel. +41 3 37 83 12 64, www.gasthaus-rossberg.ch

Aus dem Ei gepellt

47

Ecocapsule in Guttannen

In Guttannen wachen Gäste neuerdings am Morgen auf wie aus dem Ei gepellt. Hier kann man nämlich tatsächlich in einem Ei die Nacht verbringen. Die ausgeklügelte Hightech-Kapsel bietet Schlafraum für zwei Erwachsene. Außer dem Bett gibt es auch ein WC und eine Dusche, klein, aber fein, es ist alles da. Ebenso gibt es eine Küche und einen kleinen eingebauten Tisch. Ein wahres Wunder der guten Raumplanung! Und neben aller Nützlichkeit ist es dazu im Innern noch richtig hübsch gestaltet. Aber das Interessanteste an diesem Öko-Ei ist seine Energieversorgung. Denn die an ein Raumschiff erinnernde Kapsel ist tatsächlich komplett autark – und praktisch klimaneutral! Ein Windrad und Solarzellen produzieren alle benötigte Energie. Auf dem Dach wird das Regenwasser gesammelt und in einem komplexen Filterverfahren zu Trinkwasser aufbereitet.

TIPP

Im Winter gibt es in Guttannen eine Eis-Stupa zu sehen, wie man sie aus dem Himalaya kennt.

Wie aber kommt ein so futuristisches Pionierprojekt in dieses abgelegene Bergdorf? Wie so viele glückliche Fortschritte entstand auch dieser aus der Not heraus. Weil der Permafrost auftaut und die Berge ins Rutschen geraten, gab es in Guttannen immer heftigere Murgänge. Die Bedrohung des Dorfteils „Boden" führte gar zu Plänen für eine Umsiedlung. Die Bewohner von Guttannen wären die ersten Klimaflüchtlinge der Schweiz gewesen. Inzwischen haben die Geologen Entwarnung gegeben, aber die Betroffenheit im Dorf ist geblieben. Daraus ist das Dorfentwicklungsprojekt „Guttannen bewegt" entstanden. Nun gibt es einen Themenweg mit Informationen zu Klimafragen und zum zukünftigen Leben im Berggebiet. Als Teil davon wurde im August 2020 auch die Ecocapsule nach Guttannen geholt, um Einheimische wie Gäste für Fragen der Nachhaltigkeit zu sensibilisieren. Ein Ort also, an dem das Glück eine ganz spezielle Bedeutung hat, weil es hier ganz konkret um die Zukunft geht. In den Sommermonaten kann man hier mit besonders gutem Gewissen im Zeichen der Nachhaltigkeit nächtigen.

- IG Ecocapsule, Wirzen 129, 3864 Guttannen
www.ig-ecocapsule.ch
- ÖPNV: ab Postautohaltestelle Guttannen Dorf ca. 3 Minuten Fußweg

Adler und Glückspilze

48

Grubenberghütte in den Gastlosen

Auf dem Weg zur kleinen, aber feinen Grubenberghütte stehen die Chancen nicht schlecht, einen echten Glückspilz zu finden! Wer hier ab August und bis in den Oktober den steilen Weg unter die Füße nimmt, sollte den Blick unter die Tannen schweifen lassen. Denn dann leuchtet plötzlich auf dem feuchten Waldboden etwas Rotes auf – mit weißen Tupfen! In dem Bergwald vom Mittelberg Richtung Grubenberg wachsen ordentlich viele Fliegenpilze. Die ersten finden sich oftmals schon direkt oberhalb des Parkplatzes auf dem Mittelberg. Und wie alle Pilzsammler wissen, Fliegenpilze kann man nicht essen, aber in ihrer Nähe wachsen meist auch die beliebten und schmackhaften Steinpilze. Wer etwas Glück hat beziehungsweise gerade zur rechten Zeit den richtigen Weg nimmt, darf hier schöne Exemplare ernten. Im Kanton Bern ist die erlaubte Erntemenge auf zwei Kilo pro Tag und Person beschränkt – immerhin. Und wer einfach nur das Glück sucht, freut sich an den vielen lustigen Formen der Fliegenpilze: Von kleinen Kugeln bis zu ufoartigen Gebilden reicht das Erscheinungsbild dieser rot-weißen Klassiker. Böse Zungen behaupten übrigens, dass die größten Glückspilze bei den Tannen wachsen, hinter die sich die Wanderer gern zum Pinkeln verziehen.

TIPP

Für Kletterer gibt's im Kalkfels der Gastlosen paradiesische Routen in allen Schwierigkeitsgraden.

Und wenn wir schon bei den Glückspilzen sind: Im Gebiet um die Grubenberghütte herum ist die Chance recht groß, Steinadler beobachten zu können. Sie haben einen Horst oberhalb der Hütte und oftmals kreisen die riesigen Vögel über dem Amelier oder bei den größeren Felswänden der Bergkette der Gastlosen. Also: Feldstecher nicht vergessen! Auch falls die Adler gerade nicht auftauchen sollten, ist es hier oben schön. Auf der Terrasse in der Sonne sitzen, das Panorama genießen und einen feinen Apfelkuchen oder eine Käseschnitte aus dem Holzofen essen lohnt sich immer. Und wer mit Kindern einmal in einer SAC-Hütte übernachten möchte, ist hier ebenfalls gut aufgehoben. Der Zustieg vom Parkplatz auf dem Mittelberg ist zwar etwas steil, aber völlig ungefährlich. Auch langsame und ungeübte Wanderer schaffen diesen Weg in einer knappen Stunde.

- Grubenberghütte, 3792 Saanen, Tel. +41 7 96 42 79 96 www.grubenberg.ch
- ÖPNV: ab Bahnhof Saanenmöser zu Fuß über Mittelberg ca. 3,5 Stunden

Einkaufs-Flanierparadies

49 Schöner shoppen auf der Insel Bälliz in Thun

Man kann rechts oder links, drinnen oder draußen, oben oder unten. Thun geht überall. Von der Aarestraße bis zum Schlossberg ist es ein einziges Einkauf-Flanier-Verweilparadies. Grund genug, in Thun zu rasten und einfach mal nichts zu tun, auszuspannen, einen Drink zu genießen oder shoppen zu gehen. Auf der Insel Bälliz findet man alles, was das Herz begehrt. Kleider, Schuhe, Bücher, Kosmetika und die Berner Traditionskaufläden Schaufelberger und Loeb. In der oberen Hauptgasse zwei Straßen weiter poppen trendige Kleinstgeschäfte, altes Handwerk, coole Bars und Coiffeursalons auf. Die Gasse hat mit ihrer Andersartigkeit einen eigenen Puls. Sie ist Wohnquartier und Stöbermeile zugleich und zeichnet sich durch die doppelstöckige Architektur aus. Dank eines Hochgehsteigs entfaltet sich auf engstem Raum ein zweifaches Einkaufsvergnügen. Ein Moment der Inspiration breitet sich bei der Suche nach Trouvaillen aus, hält ungefragt die Zeit an und lässt einen erst wieder gehen, wenn der Durst nach Neuem und Schönem gestillt ist.

Wer einen kühlen Drink braucht, spaziert zum Mühleplatz, wo Bars, Vinotheken, Restaurants und Cafés aller Herren Länder Thuns größte Terrasse direkt an der Aare umgeben. Mitten in den fröhlichen Menschen sitzend, wähnt man sich in mediterranen Gefilden. Mit etwas Glück zeigt sich der Biber, der hier seit einigen Jahren regelmäßig zu Gast ist. Im Hochsommer teilt er sich die Aare mit den Jugendlichen, die von den Brücken in den kalten Fluss springen und sich von ihm mittreiben lassen. Ein weiteres Vergnügen gibt es bei der Aareschleuse, wo auf der Flusswelle mitten in der Stadt nicht selten das Surfbrett geritten wird. Wer nach dem Trubel einen kleinen Urlaub für die Sinne sucht, schlendert zum Schlossberg, steigt die abgewetzten Treppen hoch, setzt sich auf eine rote Ruhebank, hört den singenden Vögeln zu und genießt die Aussicht über Stadt, Land und Berge.

TIPP

Das Restaurant auf dem Schlossberg bietet Schweizer Gaumenfreuden und eine einmalige Aussicht.

- Thun-Thunersee Tourismus, Seestraße 2, 3600 Thun, Tel. +41 3 32 25 90 00 www.thunersee.ch
- ÖPNV: ab Bahnhof Thun ca. 5 Minuten Fußweg bis zur Altstadt

Kühler Schwumm

50

Vom Seebergsee zum Stierenberg

Der Seebergsee ist ein Bergsee zum Verweilen, zum Baden und Genießen. Er ist nur 20 Gehminuten vom Meienberg entfernt, wohin ein Wandertaxi ab Bahnhof Zweisimmen fährt. Nach einem kurzen Anstieg gelangen die Besucher auf einen Sattel. Dahinter zeigt sich der Seebergsee in einer sanften Mulde. Von hier aus rechts gesehen wachsen im Frühsommer Orchideen in diversen Purpurtönen im sumpfigen Hang. Der gut ausgebaute Wanderweg führt bis hinunter zum See. Er befindet sich mitten im Naturpark Diemtigtal oberhalb von Zweisimmen auf 1.831 Metern. Die Wiese, auf der man wunderbar faulenzen und sonnenbaden kann, schmiegt sich auf einer Seite des Sees sanft ans Wasser. Das körperliche Wohl kommt am See also nicht zu kurz. Manchmal schwimmt man mit den Enten um die kleinen Inseln in der Seemitte – aber das braucht ein bisschen Mut und eine gute physische Verfassung, denn das Wasser ist in der Regel eiskalt. Und es gibt noch mehr Wunderbares zu entdecken: In den Flachwasserzonen wächst Fieberklee. Obwohl es der Name vermuten lässt und er wie Klee dreizählige Blatter hat, gehört er nicht zu den Kleearten. Die Sumpfpflanze hat lange weiße Fransenhaare. Die hohlen Blattstängel sind mit Luft gefüllt und dadurch schwimmfähig. Damit ragen Blätter und Blüten immer aus dem Wasser. Da der See in einem Naturschutzgebiet liegt, darf hier weder gecampt noch grilliert werden. Doch die Natur lädt ein, das Gebiet zu erkunden. Zum Beispiel bei einer einfachen Wanderung um den Muntiggalm, der den See zur Westseite hin abschließt. Sie führt auf Forstwegen und Wanderwegen über Wiesen, sanfte Hügel und Bergbäche. Nach einer halben Stunde gibt es beim Berggasthaus Stierenberg guten Grund für einen Zwischenhalt. Nach dem Motto „einfach, natürlich und gemütlich" servieren Familie Rubin und ihr Team hausgemachten Nidlechueche, Schokoladen- und Aprikosenkuchen sowie erfrischenden Hüttentee. Wer mag, übernachtet im Massenlager im Alpenchic-Stil. Am nächsten Morgen verspricht ein herzhaftes Frühstück Kraft für einen neuen Tag in den Bergen oder den Marsch zurück nach Zweisimmen.

TIPP

Beim Stierenberg einen Wanderstecken ausleihen.

● Seebergsee und Alp Stierenberg, 3770 Zweisimmen, Tel. +41 3 36 84 12 69 (Alp Stierenberg), www.stierenberg.com, www.diemtigtal.ch

● ÖPNV: ab Bahnhof Zweisimmen mit Wandertaxi bis Meienberg, fährt in der Saison zweimal pro Woche (Anmeldung: zweisimmen@mob.ch oder Tel. +41 3 37 22 11 33)

Trittst im Abendrot daher …

51 Sonnenuntergang im Hotel Meielisalp in Leissingen

Nirgends im Berner Oberland sieht man den Sonnenuntergang schöner als auf der Terrasse des Hotels Meielisalp. Und so gilt es denn, an diesem Glücksort die Nationalhymne entsprechend abzuändern. Nicht im Morgenrot, nein, im Abendrot wird auf der Meielisalp dahergetreten – hinaus in dieses grandiose Panorama, das einem Herz und Geist öffnet, den Blick zu genießen über den spiegelglatten Thunersee, über dem sich majestätisch die Pyramide des Niesens erhebt. Und während das Dessert serviert wird, schweift der Blick in den Himmel, der sich erst gelb, dann orange und schließlich tiefrot färbt, bevor die Nacht hereinbricht und die Sterne preisgibt. Was für eine Aussicht!
Das Hotel Meielisalp oberhalb von Leissigen ist so fantastisch schön gelegen, dass man eigentlich damit allein schon längst zufrieden und mehr als glücklich wäre. Aber damit nicht genug – es ist ein herzlich und liebevoll geführter Betrieb. Und obwohl es ein großes Hotel ist, in dem auch Tagungen, Seminare oder Hochzeiten mit bis zu 120 Personen beherbergt werden, fühlt man sich hier persönlich willkommen. Die gepflegten Zimmer im Alpenchic-Stil haben so wunderbare Namen wie Meieli, Alpenstübli, Luegisland oder Morgenrot und sind einfach und praktisch eingerichtet. Die Küche ist bodenständig und ehrlich, mit Schwerpunkt auf den hervorragenden regionalen Produkten. Besonders zu empfehlen sind die frischen Fische aus dem Thunersee, die erstklassig zubereitet werden. Was das Hotel Meielisalp weiter auszeichnet, ist das vielfältige Programm von geführten Wanderungen über christliche Inputs und Gespräche mit Pastoren bis zu einem reichhaltigen Programm für Familien mit Kindern. An diesem Ort begegnen sich sprichwörtlich Gott und die Welt, und die Gäste können in aller Ruhe zu sich selbst finden und die Aussicht und die Ruhe genießen, an einem Berggottesdienst teilnehmen oder eine Fitnesswoche für Frauen buchen, bei der nebst dem Körper auch der Geist in Schwung kommt. Ein wundervoller und toleranter Ort der Einkehr und Entspannung, wo man auch einfach nur die Aussicht genießen darf.

TIPP

Das Hotel Meielisalp ist der klassische Ausgangsort, um am nächsten Tag das Morgenberghorn zu besteigen.

- Hotel Meielisalp, Stoffelberg, 3706 Leissigen, Tel. +41 3 38 47 13 41 www.meielisalp.ch
- ÖPNV: ab Leissigen oder Interlaken Ost Taxidienst (über das Hotel reservieren)

Wellness mit sieben Quellen

52

Im Spa Resort Lenkerhof zur Ruhe kommen

Die Quelle der Simme – „Sibe Brünne" genannt – tritt weiß schäumend aus dem Kalkfelsen zutage. Das Wasser stürzt über mehrere Wasserfälle ins Tal, wo das Flussbett breiter und die Simme zahmer wird. Angelehnt an die „Sibe Brünne" nennt sich das Spa im Lenkerhof „7sources" – ein Kraftort wie die Quelle selbst. Das Wasser fließt im Spa wohldosiert über den einheimischen Stein und plätschert als Bächlein durch die 2.000 Quadratmeter große Saunalandschaft. Fast niemand kann es sich verkneifen, dort die Füße hineinzutauchen. Überraschend erfrischend dringt die Abkühlung bis tief in die Zellen und lässt Gänsehaut hervortreten – besonders nach einem Saunagang. Der Wellnessbereich ist einem Fünf-Sterne-Haus würdig. Königsblau und Bordeauxrot stehen sich die Wände der Saunalandschaft wie Eis und Feuer gegenüber. Der Stein verspricht Sicherheit und das allgegenwärtige Wasser Dynamik, die von den großen Fenstern mit Blick auf Wiesen und Wälder unterstrichen wird. Ein Schritt an die frische Luft oder eine Minute in der Eisgrotte zwischen Ruhen und Saunieren regt die Durchblutung an.

Passend zum Namen gibt es sieben Angebote. Die Klassiker: Finnische Sauna, Biosauna und Dampfbad. Und die sinnlichen: Die Kräutersauna verströmt den Duft der einheimischen Pflanzen bei 55 Grad. In der Steinölsauna schwitzt man bei 75 Grad und 15 Prozent Luftfeuchtigkeit. Das duftende Steinöl erhebt den Saunagang zum wohltuenden Erlebnis. Als eigentlicher Höhepunkt – das ist vielleicht nicht jedermanns Sache, aber jeder sollte es ausprobieren – gilt die Schwefelgrotte. Wie das Mosaik einer Trockensteinmauer schmiegen sich die Bachsteine aneinander. Ihr Muster regt zum Meditieren an. Der Schwefelgeruch aus der hauseigenen Quelle trägt zur Gesundheit bei. Schwefel wird eine entzündungshemmende Wirkung vor allem bei Arthrose und Rheuma nachgesagt. Was kann glücklicher machen als ein gesunder Geist in einem gesunden Körper?

TIPP

Manuelle Behandlungen wie die Lenker Stein- und Bergkristallmassage sind wohltuend und regenerierend.

- Gourmet Spa Resort Lenkerhof, Badstraße 20, 3775 Lenk im Simmental, Tel. +41 3 37 36 36 36, www.lenkerhof.ch
- ÖPNV: ab Bahnhof Lenk ca. 10 Minuten Fußweg oder Bus 282, Haltestelle Lenk/Badgässli

Stille Oase

53

Das Naturfreundehaus in der Gorneren

Um an diesen ruhigen, historischen Kraftort zu gelangen, braucht man erst einmal gute Nerven. Denn auf die Gorneren oberhalb der Griesalp im Kiental führt eine Straße, die sich in unglaublicher Steigung den Berg hinaufwindet. Ab Reichenbach im Kandertal führt nämlich die steilste Postautostrecke Europas hinauf zur Griesalp. Doch nicht abschrecken lassen, es lohnt sich allemal! Mit dem Privatauto sind diese schmalen Kurven auch nicht ohne – und bei Gegenverkehr muss man schon aufpassen. Also fahren wir schön sicher hinter dem Postauto her. Nervenkitzel pur! Mit rauchender Kupplung heil oben angekommen, lassen wir uns auf der Terrasse in die Schaffelle sinken und trinken erst einmal ein Rugenbräu-Bier. Langsam fährt der Puls herunter und unsere Sinne öffnen sich für das Panorama. Die Terrasse des Naturfreundehauses Gorneren sucht puncto Aussicht ihresgleichen. Aber eigentlich sind wir wegen des einfachen, schlichten Berghauses hierhergekommen. Denn das zweistöckige Naturfreundehaus in der Gorneren ist das älteste seiner Art in der Schweiz. Es wurde im Jahr 1913 von Freiwilligen aus den Städten erbaut, die ihre Freizeit sinnvoll in der Bergnatur verbringen wollten, und diente seither immer als Ferienunterkunft der Naturfreunde. Eine knarzende alte Treppe führt zu den Zimmern hinauf, von denen keines dem anderen gleicht. Jedes ist liebevoll und individuell eingerichtet. In Erdgeschoss befindet sich ein gemütlicher Essraum mit Bauernmöbeln, dekoriert mit antiken Ski, rot-weiß karierten Kissen und von Hand gehäkeltem Fensterschmuck. Im ersten Stock warten in einer hübschen Laube eine Bibliothek und viele Zeitschriften, um allfällige Regentage gemütlich vor dem Feuer zu verbringen. Gekocht wird in der Gorneren mit frischen Produkten aus der Gegend. Zum Frühstück locken verschiedene Müslis und Früchte, eine Käseplatte mit lokalen Spezialitäten, hausgemachte Marmelade und frische Alpenmilch. So brechen wir am Morgen wunderbar ausgeruht und frisch gestärkt auf zur nächsten Wanderung.

TIPP

Der Abendberg ist in 2,5 Stunden von der Hütte zu erreichen. Er bietet eine grandiose Panoramasicht.

- Naturfreundehaus Gorneren, Gorneren 40, 3723 Kiental, Tel. +41 3 36 76 11 40 https://nfh.ch/gorneren
- ÖPNV: Bus 220, Haltestelle Griesalp/Kurhaus (ca. 20 Minuten Fußweg)

Your local beer
RUGENBRÄU

Hölzernes Handwerksglück

54 Schule für Holzbildhauerei in Brienz

Brienz ist weltbekannt als Dorf der Holzschnitzer. Und das Herz der Holzbildhauerkunst findet sich in der Schnätzi, der einzigen Schule für Holzbildhauerei in der ganzen Schweiz. Wer die hellen, freundlichen Räume betritt, wird vom intensiven, warmen Geruch des frisch bearbeiteten Holzes empfangen. Und taucht ein in diese kreative, freundliche Stimmung aus Konzentration und künstlerischem Glück. Rund zwei Dutzend angehende Schnätzerinnen und Schnätzer, wie die Schnitzkünstler im Berner Oberland genannt werden, absolvieren hier mehrjährige Berufslehren in verschiedenen Fachrichtungen der holzigen Kunst. So werden nebst klassischen Holzbildhauern auch Geigenbauer, Küfer (Fassmacher), Flechter und Drechsler ausgebildet. Wer den jungen Schnätzerlehrlingen bei der Arbeit über die Schulter schauen möchte, ist auf Anmeldung willkommen, und es gibt einen Showroom, wo stets einzelne Schüler und Schülerinnen vor Publikum arbeiten und dort auch den Kundenkontakt üben. Fragen zu stellen ist also erwünscht.

TIPP
In Brienz befindet sich auch das Museum der Holzbildhauerei.

Und wer ein Souvenir sucht, muss in Brienz auch nicht weit suchen. Ob kleine, bunt bemalte Kühe, ein ganzer Miniatur-Bauernhof oder aber mannshohe Holzbären, moderne Figuren, Gesichter, Abstraktes oder Gedrechseltes – hier gibt es nichts, was es nicht gibt. In Brienz wird das Gespür fürs Holz und fürs handwerkliche Gestalten über Generationen weitergegeben und liebevoll gepflegt. Inzwischen steht die über 200-jährige Kunst der Berner Oberländer Holzschnitzerei auch als immaterielles Kulturerbe auf der UNESCO-Liste der lebendigen Traditionen der Schweiz, und das sieht man dem hübsch herausgeputzten Dorf am Brienzersee an jeder Ecke an. Die Kunsthandwerksbetriebe bekannter Holzbildhauer reihen sich im Dorf aneinander. Und sollte es die gewünschte Skulptur oder das Möbel der Träume doch nicht geben, dann gibt man es eben in Auftrag. Sowohl in der Schnätzi wie bei den professionellen Ateliers können Aufträge in jeder Größenordnung bestellt werden.

- Schule für Holzbildhauerei, Schleegasse 1, 3855 Brienz, Tel. +41 3 39 52 17 51
www.holzbildhauerei.ch
- ÖPNV: ab Bahnhof Brienz ca. 15 Minuten Fußweg oder Bus 151, Haltestelle Brienz/Chilchgasse

Picknick mit Steinböcken

55

Am Niederhorn lebt zutrauliches Steinwild

Die Steinwildherde am Niederhorn lebt wild und frei. Und dennoch können die Tiere hier von Nahem beobachtet werden. Über die Jahre haben sie sich an die Wanderer gewöhnt. Da sie in dieser Gegend nicht bejagt werden, wissen sie, dass die Menschen ihnen nichts tun, und sind recht neugierig geworden. So kann man mit etwas Glück am Grat vom Niederhorn zum Burgfeldstand Steinwild aus der Nähe von einigen Metern fotografieren. Im August grasen die Steingeißen mitunter direkt auf dem leicht begehbaren Wanderweg. Die verspielten Jungtiere beobachten mit ihren wachen schwarz-gelben Geißenaugen die Wanderer und scheinen sich sehr dafür zu interessieren, was diese sich für ein leckeres Picknick mitgebracht haben. Meist sind mehrere Mütter mit ihren Jungen gemeinsam unterwegs und bilden einen niedlichen Kindergarten. Die Böcke stehen derweil am Grat oben und scheinen mit ihren massiven Hörnern regelrecht zu posieren, in einer Distanz, die auch mit dem Handy ordentlich gute Fotos erlaubt. Ein schweres Kameraobjektiv mittragen muss hier jedenfalls niemand – es sei denn, man möchte die balzenden Auerhähne und die Birkhühner fotografieren, die etwas weiter unten im Bergwald leben. Die sind aber nicht ganz so einfach zu finden.

TIPP

Vom Niederhorn mit einem Trottinett hinunterfahren, das bei der Mittelstation gemietet werden kann.

Am besten verabredet man sich mit dem Wildtierbeobachter und Jäger Urs Grossniklaus, der am Niederhorn frühmorgens Führungen anbietet. Er kennt die Steinbockherde am Niederhorn mit ihren 80 bis 100 Tieren wie kein anderer und weiß viel Interessantes über das Steinwild zu erzählen. Seine Tour führt auch durch das Auerhahn-Gebiet und mit etwas Glück kann man Gemsen, Adler, Hasen und Murmeltiere beobachten. Früh aufstehen lohnt sich auf jedem Fall. An den Sommerwochenenden sollte man sein Glück nicht unbedingt versuchen, dann sind am Niederhorn viele Touristen unterwegs, dass man mehr Menschen als Tiere auf dem Foto hat. Die Tiere lassen sich an einem ruhigen Tag während der Woche in den frühen Morgenstunden am besten beobachten. Auch sieht man bei bedecktem Wetter meist mehr, als wenn es zu heiß ist.

- Niederhornbahn, Schmockenstraße 253, 3803 Beatenberg, Tel. +41 3 38 41 08 41 www.niederhorn.ch, www.nature-pics.ch
- ÖPNV: Bus 21, Haltestelle Beatenbucht, weiter mit Standsteilbahn zum Beatenberg, dann Seilbahn auf das Niederhorn

Trachtenglück nach Maß

56

Atelier Rieben im Simmental

Wer achtsam genähte Kleider und sorgfältiges Kunsthandwerk liebt, wird an diesem Sehnsuchsort der Schweizer Folklore mehr als glücklich werden. Von der schlichten Landfrauentracht über die Simmentalertracht bis zur reichlich geschmückten Gotthelftracht wird hier alles hergestellt, was das Herz an traditioneller Bekleidung begehrt. Auch der passende Silberschmuck, die dazugehörigen Schuhe, Strümpfe und Hüte gibt es im Trachtenatelier in Blankenburg bei Zweisimmen zu kaufen. Viele der Stoffe, die die gelernte Trachtenschneiderin Agnes Rieben verarbeitet, sind so exklusiv, dass sie nirgendwo anders gekauft werden können. Mitunter werden die Stoffmuster extra für eine Kundin kreiert. Und je klarer die Beschreibungen der regionalen Trachten verfasst sind, desto mehr kreativen Spielraum gibt es. Agnes Rieben weiß, wie sich die Schnitte je nach Region bei der Form des Mieders, der Ärmel oder des Fäckli unterscheiden, sie kennt die exakte Faltung der Röcke, die Blusenstickereien und die Regeln für die erlaubten Muster bei den Schürzen. Über 100 verschiedene Trachten gibt es allein im Kanton Bern! Dazu kommen Aufträge aus den benachbarten Kantonen Wallis, Waadt und Freiburg. Außerdem liefert Agnes Rieben ihre handgemachten Trachten bis nach Schweden und Amerika, von wo ihr Heimweh-Schweizerinnen die Maße schicken, und dann zur Anprobe anreisen, wenn sie in der Schweiz ihre Verwandten besuchen.

TIPP

Im Trachtenatelier gibt es auch traditionellen Silberschmuck wie Ketten, Broschen, Finger- oder Ohrringe.

Besonders gerne näht Agnes Rieben die historischen Saanen-Trachten mit bunten Stoffen und reichen Verzierungen. Diese Kostbarkeiten können auch außerhalb der Volksmusikszene bestens getragen werden, denn sie entfalten ihren Zauber durch die Schönheit der Stoffe und Schnitte und beflügeln durch ihren zeitlosen Wert. Professionelle Kulturschaffende wissen diese Herzstücke ebenso zu schätzen wie einfache Bauersleute, die die Trachten bei Jodlerfesten oder zu privaten Feiern tragen. Manche Trachten werden über Generationen weitergegeben. Sie können nach Bedarf ausgelassen und dann wieder eingenommen werden.

● Atelier Rieben, Poliateren 3, 3771 Blankenburg,
Tel. +41 3 37 22 07 55 oder + 41 79 516 01 42, www.trachten-couture.ch

Aroma aus der Kanne

57 Teeglück bei MiraTee in Thun entdecken

Tee trinken macht glücklich. Ursächlich dafür ist Vitamin B1, das im Tee enthalten ist. Es stimuliert kognitive Prozesse im Gehirn und das wiederum löst Glücksgefühle aus. Deshalb kann man MiraTee in Thun eine Glückerei nennen, einen Ort, wo Glück erstanden werden kann, denn dort warten 300 ausgewählte Teesorten auf genussvolle Teetrinkerinnen und Teetrinker.

In der Regel ist im MiraTee ein buntes Kommen und Gehen. Die Schülerin sucht für die Mutter ein Geburtstagsgeschenk, die WG-Bewohnerin deckt sich mit den ersten Teeutensilien ein und der Rentner kauft anregenden Tee für den Morgen und beruhigenden für den Abend. Bei so vielen Teesorten könnte man meinen, die Orientierung zu verlieren, doch da gibt es einen kleinen Trick. In dunkelgrünen Tüten ist Grüntee, in schwarzen Schwarztee und die roten sind mit Mischungen aus Roibuschtee abgefüllt – ein Tee übrigens, der kein Koffein enthält und deshalb auch abends problemlos getrunken werden kann.

In den großen silberglänzenden Dosen lagert der exklusive Tee, der von Hand geerntet und weiterverarbeitet wurde, der den Gaumen mild entzückt, ohne dass zusätzliche Aromakomponenten seinen Duft überlagern. Für alle Suchenden gibt das Verkaufspersonal fachkundige Beratung, nicht nur über Weiß-, Grün-, Schwarz-, Oolong- und Kräutertee, sondern auch über die perfekte Wassertemperatur, die Heilwirkung der Tees und Teekrüge aus aller Welt. Besonders hübsch sind die Gusseisenkannen aus Japan sowie Teekannen und bunte Teegläser mit filigraner Golddeko aus Marokko. Kleine Aromadosen dienen als Duftproben, sodass die Nase mitentscheidet, was in den Warenkorb gelangt. Teepoesie schreiben die Teerosen, deren Blätter von Hand geerntet und sortiert wurden und die später von Masterbindern zu einer Blume gebunden und genäht werden. Der Teeaufguss mit einer Teerose verzaubert einen regnerischen Nachmittag in ein Wohlfühl-Wellness-Erlebnis.

TIPP

Der Grüntee Morning Spirit mit Mango und Sonnenblumen schmeckt besonders fruchtig.

● MiraTee, Freienhofgasse 2, 3600 Thun, Tel. +41 3 32 22 22 38
www.miratee.ch
● ÖPNV: Bus 21, Haltestelle Thun/Freienhof

TIE GUAN YIN
TIE GUAN YIN
MENTHE DU MAROC
MENTHE DU MAROC
JASMINE PEARL
JASMINE PEARL

Wo die Birkhähne balzen

58

Mit den Rangern durchs Moor der Lombachalp

Die Moorlandschaft Habkern-Sörenberg ist ein Kleinod. Das Moorgebiet ist mit 86 Quadratkilometern eines der größten der Schweiz. Es wird als international wichtige Vogellandschaft sowie als Naturschutzgebiet aufgeführt. Naturschützer und Freizeittouristen staunten schon früh über die Reichhaltigkeit und Unberührtheit des Hochtals. Damit sanfter Tourismus trotz Naturschutz möglich ist, wurde 2007 einer der ersten Rangerdienste der Schweiz eingesetzt. Naturschützer Paul Ingold war einer der Ersten, der die Auswirkungen von Tourismus auf Fauna und Flora erforschte. Die Studenten des emeritierten Professors vom Zoologischen Institut der Universität Bern führten hier Feldstudien durch. Aus ihren Erkenntnissen erwuchs die Kommission Lombachalp, welche wiederum den Rangerdienst ins Leben rief.

TIPP

Fernglas für das Beobachten der Tiere mitbringen.

Unter der Woche kümmern sich die Ranger um Feuerstellen, Ruhebänke und Holzstege über das Moor. Sie unterhalten sich mit den Naturliebhabern, zeigen den Jung-Rangern viele Kräuterarten und was man tun muss, damit die Vielfalt im Moorgebiet bestehen bleibt. Am Wochenende erhält ihre Arbeit einen informativen Charakter. Vielen Besuchern sind die Spielregeln im Naturschutzgebiet nicht bekannt. Die Ranger erklären, weshalb Hunde an der Leine zu führen sind, weshalb Wanderwege nicht verlassen werden dürfen, weshalb kampieren verboten ist und dass die Wanderer Abstand halten sollen, wenn die Birkhähne balzen.

Was für ein Glück ist es doch, die Natur auf der Lombachalp intakt zu wissen. Es gibt Purpur-Enzian, Moorenzian, Wollgras und Orchideen zu sehen. In den Baumwipfeln rufen Hänflinge, im Gras suchen Ringdrosseln nach Engerlingen und Würmern. Einer der größten Birkhuhnbestände der Schweiz brütet in der Abgeschiedenheit und die auffälligen, aber scheuen und besonders störungsanfälligen Auerhähne sind hier heimisch. Besonders empfehlenswert ist die Wanderung von der Lombachalp zum Winterrösch, wo man sich vom Augstmatthorn und Hohgant getragen fühlt, während sich im Südwesten der Thunersee und im Nordosten die sanften Hügel des Kantons Luzern zeigen.

- Gemeinde Habkern, Gemeindeverwaltung, 3804 Habkern, Rangerdienst: Tel. +41 7 94 88 35 38, www.habkern.ch
- ÖPNV: ab Habkern (Parkplatz Skilift und Bärenplatz) Shuttlebus von Ende Mai bis Ende Oktober, Tel. +41 3 38 43 13 43

Kneipen im Gletschersee

59

Eiskalte Kraftoase am Iffigsee ob Lenk

Am Iffigsee schmilzt der Schnee langsam. Die Felsflanke des „Seeschnide“ ist daran wohl nicht ganz unschuldig. Sie schirmt die Sonne, wenn sie im Frühling noch tief steht, gegen Südosten ab. Deshalb kommt es vor, dass das steile rechte Seeufer im Juli noch schneebedeckt ist. Auf 2.065 Metern keine Seltenheit und sogar ein wenig abenteuerlich, wenn das Schneefeld bei 30 Grad spazierend erkundet wird. Da der Wanderweg den See umrundet, gibt es eine schneefreie – flachere – Variante. Der Iffigsee liegt mitten im Naturschutzgebiet Gelten-Iffigen. Dort gedeihen zahlreiche Bergblumen: Soldanellen, Anemonen, Alpen-Akelei und Edelweiß. Das Schmelzwasser der umliegenden Dreitausender speist den Bergsee. Den Abfluss sucht man jedoch vergebens: Weil das Wasser unterirdisch abfließt, sprudelt es erst später in den Iffigbach.

TIPP

Bei der Iffigenalp können Tagespatente fürs Fischen gelöst werden.

Im Iffigsee lässt es sich wunderbar kneipen oder ein Gänsehautbad nehmen – einfach erfrischend. Zum Aufwärmen in der Sonne liegend, schaut man den Bachforellen zu, hört die Murmeltiere pfeifen und sucht den Steinadler am Horizont. Hier sieht man klarer, fühlt man tiefer und atmet zufriedener. Braucht es mehr zum Glücklichsein?

Der See kann bei einer schönen Tour erlebt werden. Ab Bahnhof Lenk bringen Bus (Sommer) sowie Taxi (Winter und Sommer) die Gäste zunächst zur Iffigenalp, die etwa 2 Wanderstunden unterhalb des Iffigsees liegt. Die Anfahrt im Personenwagen ist im Einbahnverkehr möglich. Im Winter wandern Skitourengänger von der Iffigenalp in die Höhe, queren den zugefrorenen Iffigsee und besteigen Gipfel wie das Iffighore (2.378 Meter) und das Wildhorn (3.250 Meter). Von Juni bis Oktober ist eine Wanderung zum See in der Regel ohne Schnee möglich. Sie dauert rund 2 Stunden. Der gut ausgebaute Bergwanderweg führt entlang des Iffigbachs, über Brücken und unter Lärchen hindurch. Rund 15 Minuten vor der Ankunft am See gibt es eine Wiese namens Egge, die besonders reizvoll für ein Picknick ist, wenn es beim See noch zu viel Schnee hat. Die Wanderung vom Iffigsee zur nahen Wildhornhütte SAC dauert eine weitere Stunde.

- Iffigsee, 3775 Lenk im Simmental, www.lenk-simmental.ch
- ÖPNV: ab Bahnhof Lenk mit Bus zur Iffigenalp im Sommer ab 8:30 Uhr bis 16:30 Uhr im Stunden- oder Zweistundenrhythmus, zurück im selben Rhythmus zur vollen Stunde: www.sbb.ch

Mit den Libellen tanzen

60

Badevergnügen in Unterseen

Ein See ist immer ein besonderer Ort, der viel Vergnügen verspricht. Liegt ein See mitten im Berner Oberland, stehen die Chancen gut, dass ihn eine grandiose Bergwelt umkränzt. So ist es auch beim Thunersee. Die Felsflanken des Beatenbergs tauchen ins Wasser und auf der gegenüberliegenden Seite wächst der Niesen in den Himmel, in der Mitte wiegen sie den See. Lieblichkeit verleiht die mäandrierende Aare, die den Einlauf in Unterseen und den Auslauf in Thun glättet. Wenn die Sonne auf der anderen Seeseite zu Bett geht, glitzert das Wasser wie eine Swarowski-Leuchte. Die ausladende Uferlandschaft des 5.000-Seelen-Dorfes Unterseen lässt sich als Rundherum-Leichtigkeitsort beschreiben. Auf seinen Wiesen und Matten direkt am See ist das Faulenzen Pflicht. Die Bushaltestelle und der Parkplatz (gebührenpflichtig) liegen direkt vor dem Hotel Neuhaus und drei Schritte von der Neuhaus-Terrasse entfernt. Hier gehört es sich, unter den Schatten spendenden Bäumen einen Kaffee zu schlürfen, den sonnenhungrigen Morgenjoggern beim Schwitzen zuzusehen und den ruhigen See auf sich wirken zu lassen. So wenig braucht es zum Glücklichsein.

TIPP

Auf der Terrasse der Laguna Beach Bar ein Glas Oberhofner Riesling-Sylvaner genießen.

Nach dem Nichtstun lockt der Thunersee zu einem erfrischenden Bad im Gletscherwasser, das über tausend Gesteinsbrocken gesprudelt war. Oder wie wäre es mit einer Stand-up-Paddle-Tour entlang des Naturschutzgebiets Weissenau? Die SUP werden in einem kleinen, hübschen Häuschen direkt neben dem Restaurant Neuhaus ausgeliehen. Auf dem Brett gleitend eröffnet der Thunersee neue Dimensionen. Die Gedanken fliegen mit den Libellen, tanzen mit dem Licht auf dem Wasser, sie treiben mit den Windböen und singen mit den Vögeln. In diesem Paradies der tausend Möglichkeiten möchte man bleiben – für ein paar Tage oder für immer. Zum Glück gibt es das Hotel Neuhaus und zwei Campingplätze in unmittelbarer Nähe.

● Hotel und Restaurant Neuhaus zum See, Seestraße 121, 3800 Unterseen, Tel. +41 3 38 22 82 82, www.hotel-neuhaus.ch, SUP-Verleih: www.mountainsurf.ch ● ÖPNV: Bus 105, Haltestelle Unterseen/Neuhaus

Wo das Joderglöcklein läutet

61 Spätgotische Kirche in Gsteig bei Gstaad

Glück ist zart, leise und zerbrechlich. Es blitzt auf, wenn wir dankbar sind – über eine freundliche Begegnung oder die Entdeckung einer seltenen Alpenblume. Oder wenn wir uns an einem Ort der Demut wähnen. Die Joderkirche in Gsteig ist ein Ort, wo Glücksgefühle mit Leichtigkeit aufkommen. Sie ist schlicht und offenbart ihre Kostbarkeiten erst beim genauen Hinschauen. Zunächst buhlen die kaligrafisch umrahmten Bibelstellen an den Wänden um unsere Aufmerksamkeit, dann zieht der gotisch geschnitzte Taufstein seinen Blick auf sich. Grau und stark steht er als Verbindung zwischen Chor und Schiff, hebt sozusagen die Trennung zwischen Geistlichkeit und Weltlichkeit auf. Der Taufstein wurde just in dem Jahr aufgestellt, als das Saanenland reformiert wurde. Vom bankrotten katholischen Greyerzer Graf Michael an die reformierten Berner verkauft, wurde am 16. Januar 1556 die erste reformierte Predigt in Gsteig gehalten. Wie die Stimmung gewesen sein mag?

Weitere kleine Geheimnisse gibt es in der pittoresken Kirche am Fuß des Col du Pillons zu entdecken. Die Decke im Schiffsgewölbe symbolisiert den Nachthimmel mit einem dreifarbenen Stern, durch den nach altem Glauben das Licht Gottes scheint. Die kunstvolle Rosette in Blautönen an der Chordecke wiederum zeigt die Hochheiligkeit Gottes. Eine besondere Kostbarkeit bekommt man jedoch nur an Karfreitag zu hören: das Joderglöcklein. In früheren Zeiten als Feuerwehrglöcklein bestimmt, wird es seit 1931 nur noch an Karfreitag, und zwar von Hand, geläutet und erinnert an seinen Namensgeber Joder – auch Theodul genannt. Er war der erste Bischof im Wallis, zu dem Gsteig ehemals gehörte. Über Gsteig und seine Beziehung zum Wallis gäbe es viele Sagen und Legenden zu erzählen. Doch ist es nicht ebenso reizend, in der Kirche zu sitzen und sich zu überlegen, was Glück noch alles ausmacht? Ist es eine Umarmung? Ein Moment der Ruhe? Ein Song? Oder ein unerwarteter Abend mit einem Freund?

TIPP

Nach dem Kirchenbesuch ein Rindsentrecôte „Bären“ im benachbarten Restaurant Bären genießen.

- Joderkirche Gsteig, 3785 Gsteig bei Gstaad, Tel. +41 3 37 44 88 48 www.kirche-saanen-gsteig.ch
- ÖPNV: Bus 180, Haltestelle Gsteig bei Gstaad/Post

1453
Wie lieblich sind deine Wohnungen
Herr Zebaoth, meine Seele verlanget
und sehnet sich nach den Vorhöfen des Herren
mein Hertz und mein Fleisch jauchzen nach dem leben
=digen Gott. Psalm: 84, 2,3.
So Jemand redet, der rede es als Gottes Worte.
1. Petr. 4, 11.

Milchige Berg-Wellness

62

Hotpot und Molkenbad auf Alp Morgeten

Einer der wenigen Orte im Berner Oberland ohne Mobilfunknetz ist die Alp Morgeten. Frei von Verpflichtungen gegenüber Instagram und Co. eröffnet die Alp ein neues Bewusstsein für Raum und Zeit. Am Morgen ersetzt der Hahn den Wecker, am Abend zeigt der Mond den Weg ins Bett. Dazwischen entspannen die Muskeln im warmen Wasser des mit Holz geheizten Hotpots unter freiem Himmel. Mehr Wellness gibt es am Morgen zwischen 10 Uhr und 11 Uhr: Ein Bad in der frischen Molke verleiht der Haut ein samtiges Aussehen und Elastizität. Die Alp Morgeten besteht aus einer Sennerei und einem Gastbetrieb. In der Alphütte „Schlössli" stehen sechs Themenzimmer wie Werkstätte und Schulzimmer mit bequemen Betten und warmen Decken bereit. Frühstück und Abendessen wird im Alpenrestaurant serviert. Auf dem Frühstücksbüfett stehen ofenwarmes Brot, hausgemachte Konfitüre, Butter, Käse und leckere Wurst. Die Kräuter für das Abendmenü werden im Garten vor dem Haus geschnitten. Urchig und gemütlich ist es an den Holztischen im Alpenrestaurant, wo man mit den anderen Hüttenbesuchern leicht ins Gespräch kommt. Die Kühe tragen hier noch Hörner. Sie fressen biologische Gräser und Kräuter und fabrizieren hochwertige Milch. Diese wird auf dem Holzfeuer zu Alp- und Hobelkäse verarbeitet. Die Gäste können gleich selbst anpacken und ihren eigenen Raclettekäse herstellen, der ihnen nach der Reifezeit nach Hause geliefert wird. Dafür heißt es: früh aufstehen, Hände waschen und ab in die Käserei. Die handwarme Molke für das Molkebad ist ein Abfallprodukt bei der Käseherstellung.

Die Alp Morgeten verteilt sich auf drei Gebiete: die Undriste, Mittliste und Obriste. Das Agrotourismusangebot befindet sich in der Mittliste Morgeten auf 1.655 Metern in den Voralpenhügeln zwischen Oberwil im Simmental und Gantrisch. Zur Alp Morgeten gibt es viele Wanderwege, wobei der schönste von der Bergstation des Stockhorns in 5,5 Stunden zu bewältigen ist. Es gibt auch die Möglichkeit, sich mit dem Taxi hochbringen zu lassen.

TIPP

Hotpot und Molkebad werden für jeden Gast frisch zubereitet. Deshalb im Voraus reservieren.

- Alp Morgeten, 3765 Oberwil im Simmental, www.morgeten.ch
- ÖPNV: Taxidienst: Taxi Samuel aus Boltigen, Tel. +41 3 37 73 62 67, oder Wanderung ab Weissenburg – Mittliste Morgeten (2,5 Stunden) oder in Erlenbach Stockhornbahn besteigen und Wanderung Stockhorn – Mittliste Morgeten (5 Stunden)

Baden mit schönster Bergsicht

63

Das Spa im Hotel Bellevue in Adelboden

Eines der allerschönsten Außenbecken im Berner Oberland liegt hinter knorrigen alten Ahornbäumen versteckt oberhalb von Adelboden. An der Bellevuestraße zuoberst im Dorf bekommt man nichts vom touristischen Trubel im Dorfzentrum unten mit – wer hier hinaufkommt, sucht Ruhe und Entspannung. Der Außenpool ist von einem stilvollen, naturnah gepflegten Garten umgeben. Hier fühlt man sich besonders geborgen und kann im Schutz der mächtigen Bäume die Seele baumeln lassen. Während sich die vielleicht vom Wandern müden Muskeln im Sprudelbad entspannen, schweift der Blick über zarte Rosen und Gräser, um schließlich am Horizont auf den Bergriesen zu ruhen – und wer weiß, vielleicht bekommt man jetzt schon Lust, die nächste Wanderung auszuhecken. Nach Südosten bietet das Solebad vom Bellevue Parkhotel & Spa nämlich eine wunderbar verlockende Bergsicht und an interessanten Wanderrouten mangelt es in dieser schönen Landschaft keinesfalls. Im Hotelzimmer liegt sogar eine hübsch gestaltete Broschüre mit den besten Tourenvorschlägen auf. Am Himmel über Adelboden türmt sich dramatisch die Lohner-Gruppe, dahinter zeigt sich verschneit das Tschingellochtighorn, linker Hand sieht man den Großtrubel.

TIPP

Im Spa wird eine spezielle Edelweiß-Detox-Massage angeboten.

Das Wasser des Außensolebades ist übrigens angenehme 34 Grad warm und daher auch im Winter ein wunderbarer Ort, um sich nach dem Skifahren auszuruhen. Hier lässt es sich jederzeit vorzüglich entspannen und träumen. Und wer genug gebadet hat, kann sich im Gartenpavillon weiter entspannen oder sich im Spa eine Massage gönnen. Nebst dem Außensolebad gibt es ein Hallenbad zum Schwimmen, eine finnische Außensauna, eine Himalayasalz- und eine Biosauna, ein Eukalyptus- und ein Blütendampfbad, einen Fitnessbereich und verschiedene Ruhepavillons. Die Zimmer und das ganze Hotel sind luftig modern gestaltet, mit hellem Holz und schönem Licht. Besonders zu erwähnen ist die kreative Gourmetküche mit 14 Gault-Millau-Punkten, inklusive eines exquisiten Käsebüfetts mit Spezialitäten aus der Region. Hier kann man es sich einfach gut gehen lassen.

- Bellevue Parkhotel & Spa, Bellevuestraße 15, 3715 Adelboden, Tel. +41 2 26 73 80 00, www.bellevue-parkhotel.ch
- ÖPNV: Bus 230, Haltestelle Adelboden Post (ca. 6 Minuten Fußweg)

Fangfrisch auf den Tisch

64 Felchen aus dem Thunersee in Faulensee genießen

Der Thunersee ist der größte Schweizer See, der in einem einzigen Kanton liegt. Er wird auch als Fjordsee bezeichnet. In seinem klaren Wasser leben einige Speisefische: Seeforellen, Egli, Hecht und Felchen. Die Felchen mögen das tiefe, kalte Wasser und sind entsprechend zahlreich anzutreffen. Von den sechs Felchenarten ist der Brienzlig die kleinste. Er gedeiht einzig im Thuner- und Brienzersee und wird höchstens 26 Zentimeter lang. Der exzellente Speisefisch wird von Berufsfischern gefangen, veredelt und verkauft. So auch von Rudolf Thomann, der wie seine Vorfahren seit Generationen Berufsfischer ist. Er legt die Netze an fünf Tagen pro Woche am Abend aus und holt sie am Morgen ein. Auf Anfrage nimmt er Frühaufsteher mit in die Stille des Thunersees. Ruedi Thomann beliefert einige Restaurants am See – außer in der Schonzeit von September bis Ende des Jahres.

Wer die Fischspezialität kosten möchte, sollte dies im Seerestaurant Hecht in Faulensee tun. Faulensee liegt neben Spiez und ist von dort zu Fuß, mit dem Boot oder Bus gut erreichbar. Die Anlegestelle befindet sich wenige Meter neben dem Restaurant. Die Bushaltestelle sowie Parkplätze liegen in unmittelbarer Nähe. Das beliebte Seerestaurant Hecht liegt, wie es der Name verspricht, direkt am Seeufer. Hier werden die Gäste freundlich empfangen und gepflegt bedient. Auf der lauschigen Terrasse schweift der Blick sorgenfrei in die Weite, während die Seebrise durchs Haar fährt. Da schleichen Mußestunden ohne anzuklopfen in den Alltag, sie verführen zu ausgedehnten Auszeitstunden und Gaumenfreuden.

Im Winter und bei unsicherem Wetter gefällt es den Gästen im großzügigen Wintergarten. Zu den Felchen harmoniert ein Glas Spiezer Weißwein. Neugierig darf man erwarten, in welcher Kreation das Gastro-Team den Brienzlig zubereitet: gebacken oder gebraten, mit Oliven-Mandel-Tapenade, mild, scharf, mit frischem Gemüse und Kartoffeln oder ganz anders – es schmeckt einfach lecker. Für alle, die keinen Fisch mögen, gibt es natürlich wunderbare Alternativen und andere wohlschmeckende Gerichte mit und ohne Fleisch.

TIPP
Die traditionellen Eisbecher im Seerestaurant Hecht schmecken herrlich.

- Seerestaurant Hecht, Interlakenstraße 85, 3705 Faulensee, Tel. +41 3 36 54 63 78 www.hecht-faulensee.ch, Rudolf Thomann: www.thunerseefische.ch
- ÖPNV: im Sommer mit dem Schiff, Fahrplan: www.bls.ch, oder Bus 6057, Haltestelle Faulensee/Am See

Narzissenmeer in Gsteig

65

Frühlingsblumenfülle am Fuß des Oldenhorns

In Gsteig, dem allerletzten Dorf im Südwesten des Kantons Bern, wo linker Hand der Sanetsch die Grenze zum Wallis und rechter Hand der Sex Rouge die Grenze zur Waadt bilden, landen die meisten Touristen im Winter auf dem Hintern. Denn beim Rohr oben im Dorf endet der legendäre Schlittelweg über die Wispile. Wer aber Gsteig im April besucht – und das tun nur die wenigsten, denn Gsteig ist abgesehen vom Schlittelspaß im Winter ein durchaus verschlafenes Dorf – wird ein blühendes Wunder erleben. Auf 1.350 Metern, direkt oberhalb des Camping Heiti, erstreckt sich nämlich ein beachtliches Feld voller wilder Narzissen – das wohl größte seiner Art im ganzen Saanenland. Die gelben Zwiebelblüher bedecken eine Fläche von etwa 80 mal 100 Metern mit ihrer üppigen Pracht. Nicht nur der Anblick, sondern auch ihr intensiver, schwer-süßer Jonquillenduft ist betörend. Pflücken sollte man diese Blumen jedoch nicht, denn erstens sind Narzissen giftig und vor allem sind sie geschützt. Also nur anschauen und ihr Parfüm vor Ort genießen.

Der Weg direkt vom Camping hinauf beträgt etwa 400 Meter Luftlinie mit einer Steigung von 150 Metern – ein Spaß für alle Steilgraskraxler. Alle anderen nehmen gemütlich den Wanderweg vom alten Schulhaus die Fuhrenstraße hinauf über die Fuhrenweid. Dort am großen Bauernhof oben entweder schnurstracks links über die Wiese auf den Wald zuhalten, dann kommt man direkt zum Narzissenfeld. Oder, was noch lohnender ist, der Spaziergang den oberen Weg durch, wo man im Frühling zahlreiche weitere Bergblumen findet, wie zum Beispiel Huflattich, wilde Veilchen, Schlüsselblümchen und Unmengen von Krokussen in Weiß und Violett und allen Farbtönen dazwischen. Der Weg führt unterhalb des Schopfiwaldes Richtung Westen, vorbei an Zaggelards Vorschess (mit 1.394 Metern der höchste Wegpunkt auf diesem Spaziergang) und von dort weiter zu Antis Vorschess. Ab hier führt ein kleiner Weg links in den Wald und nach einigen Hundert Metern blickt man auf das Narzissenfeld.

TIPP

Auf der anderen Talseite blühen im Wald vom Innergsteig zu den Burgfällen hinauf die Leberblümchen.

- Tourismusbüro Gsteig Feutersoey, Gsteigstraße 9, 3785 Gsteig, Tel. +41 3 37 48 82 74, www.mygsteig.ch
- Camping Heiti, Campingstraße 2, 3785 Gsteig, Tel. +41 3 37 55 11 54 www.heiti.ch

Mit Schwung ins große Glück

66

Riesenschaukel oberhalb von Adelboden

Auf der Tschentenalp oberhalb von Adelboden steht auf 1.950 Metern eine überdimensionierte Schaukel, deren Sitz an einem 5 Meter langen Seil hängt. Die Riesenschaukel verleiht großen und kleinen Gästen frischen Schwung und eine neue Leichtigkeit: Den Kopf zurückwerfen, die Füße vorausstrecken und schon führt die Schaukelreise mit Schwung in die Luft hinaus. Ein Juchzer trägt uns zurück in die Erinnerung an glückliche Kindertage auf dem Spielplatz.

Das Ritigampfi oder Ritiplampi, wie die Schaukeln in der Schweiz je nach Dialekt genannt werden, ist Teil der Kampagne „Hoch hinaus“ der Tourismusregion Adelboden-Lenk-Kandersteg. Anfangs war die „Giant Swing“ als Werbegag geplant gewesen, jedoch wurde sie als Ausflugsziel und Selfie-Hotspot so beliebt, dass sie wegen der großen Nachfrage nun langfristig stehen bleibt. Die Benutzung der Schaukel ist gratis und sie steht das ganze Jahr über zur Verfügung. Im Winter eröffnet die Riesenschaukel eine neue Perspektive auf den verschneiten Talabschluss und bietet eine willkommene Abwechslung zur Schlitten-, Snowboard- oder Skiabfahrt.

Wer einfach ein bisschen schaukeln und dann auf der großen Terrasse die Sonne genießen will, wird hier auch ohne sportliche Anstrengungen glücklich werden. Im Sommer ist die Tschentenalp bei Wanderern, Bikern und Gleitschirmfliegern äußerst beliebt. Kein Wunder, ist dieser wunderschöne Aussichtsberg doch in einer nur 5 Minuten dauernden Gondelfahrt ab Adelboden kinderleicht zu erreichen. Die Riesenschaukel steht wenige Minuten Fußmarsch von der Bergstation entfernt. An einem sonnigen Wochenende kann hier oben ganz schön was los sein. Wer aber an einem ruhigen Wochentag außerhalb der Hauptsaison auf die Tschentenalp kommt, kann sich in aller Ruhe mit Schwung ins Riesenglück schaukeln, die Seele baumeln lassen und die atemberaubende Aussicht auf die umliegenden Alpwiesen mit ihrer malerischen Blütenpracht sowie das Bergpanorama oftmals ganz für sich allein genießen.

TIPP

Das Bergrestaurant Tschentenalp bietet im Offenausschank ein hauseigenes Tschentenbier.

- Tschentenalp, Infos: TALK (Tourismus Adelboden-Lenk-Kandersteg), Dorfstraße 23, 3715 Adelboden, Tel. +41 3 36 73 80 80 www.adelboden.ch, www.tschentenalp.ch
- ÖPNV: Postauto 230, Haltestelle Adelboden/Post (ca. 5 Minuten Fußweg zur Talstation der Tschentenalp-Bahn)

Zeitreise mit Eigerblick

67

Hotel Bellevue des Alpes auf der Kleinen Scheidegg

Nun ragen die 60 Meter hohen Masten der neuen V-Bahn in das weltberühmte Panorama mit der Eigernordwand. Das altehrwürdige Hotel Bellevue des Alpes aber trotzt auf 2.070 Metern allen Veränderungen – hier scheint die Zeit stillzustehen. Tatsächlich ist es auf der Kleinen Scheidegg sogar ruhiger geworden, weil die Touristenmassen nun direkt zum Eigergletscher hinaufkatapultiert werden. Und so treten wir ungestört unsere Zeitreise in die Belle Époque an. Bis heute wird das Grandhotel aus dem 19. Jahrhundert traditionsbewusst und mit viel Herzblut von der Familie von Almen geführt. Alles, aber auch wirklich alles ist hier noch original. Wir treten durch die Drehtüre mit den historischen Messingbeschlägen und schreiten direkt in die 1920er-Jahre. Es gibt keinen Fahrstuhl und keine Fernseher und statt eines Spa-Bereichs steht in jedem Badezimmer eine romantische Füßchenbadewanne. Die Möbel stammen allesamt aus der viktorianischen Zeit. Von den Toile-de-Jouy-Tapeten aus kunstvoll bedruckten Stoffen bis zu den vernickelten Armaturen ist alles authentisch. Muss etwas ersetzt werden, suchen die von Almens nach Handwerkern, die den Originalzustand wiederherstellen können.

TIPP

Über den Eiger-Trail wandern, um die berühmte Nordwand von ganz nahe zu erleben.

Hier lebt die Geschichte, aber sie müffelt nicht – und der Holzwurm, der haust garantiert woanders. Die Fußböden sind noch dieselben wie in der Belle Époque, als die englischen Feriengäste zum Skifahren anreisten und abends Charleston tanzten. Später gingen die wackeren Erstbesteiger der Eigernordwand und ihre Nachfolger über die gewienerten Dielen – ihnen ist eine Ausstellung mit historischen Fotografien gewidmet. Alle großen Alpinisten des 20. Jahrhunderts waren hier zu Gast und ließen sich von persönlichem Service und hervorragender Küche verwöhnen. Auch diese Tradition führt die nächste Generation fort und bietet jeden Abend ein exquisites Gourmetmenü an, das auf dieser Höhe seinesgleichen sucht.

- Hotel Bellevue des Alpes, 3823 Kleine Scheidegg, Tel. +41 3 38 55 12 12 www.scheidegg-hotels.ch
- ÖPNV: ab Grindelwald oder ab Lauterbrunnen über Wengen mit der Jungfraubahn bis Bahnhof Kleine Scheidegg

EVUE
DESALPES
OTEL

Im Einklang

68 Die Permakulturgärten auf der Schweibenalp

Von dieser Alp hoch über dem Brienzersee geht eine ganz eigene Kraft aus. Wer innere Ruhe und Frieden sucht, wer sich gern für nachhaltiges Gärtnern, Biodiversität und gesunde Böden inspirieren lässt und allgemein die Verbundenheit mit der Natur und den Mitmenschen sucht, ist hier genau richtig. In diesen großen, mit viel Erfahrung und Fachwissen angelegten Permakulturgärten auf 1.100 Metern finden sich höchst interessante, sich selbst erneuernde Kreisläufe, die Nahrung für Menschen, Tiere und Pflanzen bieten. Hier findet man ein zu Wärmespeicherzwecken in die Erde eingelassenes Gewächshaus. Diverse Arten von Gemüse- und Frühbeeten stehen zu Schulungszwecken und als Anschauungsbeispiele zur Verfügung. Es gibt einen Reptilienhügel, in dessen Steinhaufen sich Ringelnattern und Eidechsen vermehren. Auf erhöhten Kräuterbeeten aus Steinen profitieren mediterrane Pflanzen von der gespeicherten Wärme. Im Wald erstrecken sich Pilzkulturen. Dazu gibt es noch Beerengärten, Wald- und Obstkulturen und vieles mehr, was entdeckt werden will. Auf der Schweibenalp lässt sich in natura erleben, was alles möglich ist in puncto nachhaltiger Gartenbau. Und so manche Idee kann dann auch daheim im kleineren Rahmen umgesetzt werden. Darum macht dieser Ort nicht nur mit seiner natürlichen Schönheit, seiner Ruhe und inneren Kraft und der sympathischen, nachhaltigen Philosophie glücklich. Hier können wir vieles über das biologische Gärtnern lernen, das uns und unser eigenes Umfeld daheim im Alltag langfristig glücklicher macht.

Ende Mai findet jeweils ein Pflanzenmarkt statt, an dem nebst gut abgehärteten Gemüse-Setzlingen sowie Küchen- und Heilkräutern auch eine große Vielfalt an Wildblumen und Bergpflanzen angeboten wird. Und wer sich in die Permakultur vertiefen will, schaut sich das reichhaltige Kursangebot an. Von umfangreichen Lehrgängen über kleinere Wochenendmodule gibt es alles. Man kann aber auch einfach vorbeischauen, die Gärten besuchen, im Restaurant einkehren und sich vom Ort und von dem immensen Wissen inspirieren lassen.

TIPP

Die selbst gemachten Sirups und das Kräuter-Steinsalz aus dem Laden sind nachhaltig, gesund und lecker.

- Schweibenalp, Alpine Permakultur und Zentrum der Einheit, 3855 Brienz, Tel. +41 3 39 52 20 00, www.schweibenalp.ch
- Anreise: Bus 155, Haltestelle Brienzerberg/Bramisegg (ca. 15 Minuten Fußweg)

Vogelleicht den Berg hinauf

69

Mit dem E-Bike die Hänge von Mürren meistern

Das Lauterbrunnental gehört zu den steilsten und schroffsten Tälern der Schweiz. Entsprechend beliebt sind die wilden, herausfordernden Bergwege bei Bikern. Wer nicht ganz so viel Beinkraft hat, kommt mit dem E-Bike hier locker und vogelleicht die steilsten Strecken hinauf. Was für ein wunderbares Gefühl von Freiheit! Wanderer und Biker arrangieren sich selbst und nehmen Rücksicht aufeinander. Das klappt in Mürren ganz gut, einerseits, weil die Leute in dem ruhigen, autofreien Bergdorf recht gemächlich und friedfertig unterwegs sind, und anderseits auch, weil schlicht weniger Biker unterwegs sind als an den bekannteren und leichter zugänglichen Biker-Hotspots wie Adelboden oder Grindelwald. Die Gegend ist für den E-Bike-Tourismus noch nicht so stark erschlossen wie andere Gebiete. Ein echter Geheimtipp! Die Strecken sind weitgehend unverbaut und es gibt keine offizielle Trail-Map. Rund um Mürren herum darf man also noch praktisch überall mit dem Mountainbike oder E-Bike fahren. Wer in Mürren biken geht, muss sich deshalb aber weitgehend selbst orientieren. Es sind zwar einige Routen aus dem nationalen Velowegnetz ausgeschildert, aber es gibt weder im Sportgeschäft noch beim Tourismusbüro eine spezielle Karte mit eingezeichneten Bike-Routen. Das heißt, wer einigermaßen Karten lesen und sich orientieren kann, hat alle Freiheit der Welt, um sich eigenständig abenteuerlichste und spannende Routen zusammenzustellen. Dabei lassen sich abwechslungsreiche Bike-Trails mit verschiedenen Schwierigkeitsgraden ausknobeln, für Fortgeschrittene und solche, die es werden wollen. Außerdem gibt es an den Steilhängen um Mürren herum und im ganzen Lauterbrunnental ordentlich was zu sehen: Je nach Perspektive hat man das Berner Dreigestirn im Blick. Und welcher Biker träumt nicht davon, vor der Kulisse von Eiger, Mönch und Jungfrau durch ein buntes Bergblumenmeer zu kurven, begleitet allein von Kuhglocken und vom Pfeifen der Murmeltiere? In Mürren sind solch archaische Berg- und Bike-Erlebnisse noch durchaus möglich.

TIPP

Im Restaurant Sonnenberg gibt's Wiener Süßspeisen wie Kaiserschmarrn oder Marillenknödel.

- E-Bike fahren in Mürren, mieten bei Intersport Stäger, Chalet Enzian, 3825 Mürren, Tel. +41 3 38 55 23 55 (unbedingt vorher E-Bikes reservieren) www.staegersport.ch
- ÖVPN: ab Lauterbrunnen mit der Seilbahn auf die Grütschalp, von dort mit dem Zug, Bahnhof Mürren

Alles für Katzenfreunde

70

Catlovers in der Thuner Altstadt

In diesem Laden ist tatsächlich alles für die Katz! Im Catlovers in Thun gibt es über 2.500 Geschenkideen für die vierbeinigen Freunde und ihr Personal. In dem hübschen Kellerlokal mitten im Herzen der Altstadt von Thun werden Katzen-Fans mehr als glücklich werden. Die schweizweit einzigartige Boutique existiert bereits seit 23 Jahren und ist als Geheimtipp unter Katzenfreunden weitherum bekannt. Inhaberin Esther Pfister legt Wert darauf, das einheimische Kunsthandwerk zu fördern. So finden sich diverse Arbeiten von lokalen Künstlerinnen, zum Beispiel wunderschöner Silberschmuck mit Katzensujets oder edle Tee-Sets für Genießerinnen und trendige Fressnäpfe für anspruchsvolle Katzen. Stilvolle Porzellan-Windlichter mit Katzenszenen führt Esther Pfister in diversen Größen und Preisklassen. Auch die Katzengel, witzige Zwitterwesen mit Flügeln und Katzengesichtern, stammen von einer Künstlerin. Im Catlovers gibt es auch Witziges und Günstiges wie Türschilder, Magnete, Buchzeichen, Überraschungstüten und andere kleine Mitbringsel. Wer am kätzischen Backen Freude hat, findet Keksausstecher und Anismodelformen mit Katzenmotiven – warum nicht Gebäck in Pfotenform kreieren? Auch eine sorgfältig kurartierte Auswahl an Büchern über Katzen sowie die schönsten Katzengeschichten finden sich hier. Es gibt Spielmäuse aus Stoff, die die Zahngesundheit der Katzen fördern, zappelige Textilfische und weitere reizvolle Spielsachen für die geliebten Vierpfötler.

TIPP

Vom Parkhaus Schlossberg kommt man durch die unterirdische Passage direkt zum Catlovers.

Esther Pfister ist Pflegefachfrau und arbeitet noch Teilzeit in der Langzeitpflege. Der Laden ist ihre große Leidenschaft und Herzensangelegenheit. Die Hauptfigur des Geschäfts ist jedoch Kater Jerry. Jeden Morgen kommt er mit seiner Chefin pünktlich zur Arbeit. Im Laden ist er als Tester und Fachberater der kompetenteste Mitarbeiter – wenn er nicht gerade schläft. Das macht er nun öfters, denn er ist nicht mehr der Jüngste. Über die Jahre hat sich Jerry eine große Fangemeinde erarbeitet. Er kriegt Postkarten aus aller Welt und manchmal kommen Kunden auch nur kurz vorbei, um ihm Hallo zu sagen.

- Catlovers, Obere Hauptgasse 27, 3600 Thun, Tel. +41 3 32 23 01 33 www.catlovers.ch
- ÖPNV: ab Bahnhof Thun ca. 7 Minuten Fußweg

Einfach mal entspannt sein!
Katzen YOGA
A HOME without A CAT is just A HOUSE
A Cat

Die Blumen der Erde

71 Ein Keller voller Bergkristallglück in Reichenbach

Was für eine Schatztruhe! Im Kristallkeller von Reichenbach funkeln und strahlen die kostbarsten Kristallspitzen um die Wette. Diverse Riesenkristalle des berühmten Fundes vom Planggenstock sind hier zu sehen. Gefunden und geborgen wurden sie von Paul von Känel, der von Beruf Strahler ist (alpine Kristall- und Mineraliensucher) und der das Geschäft nun an seinen Sohn Lukas weitergegeben hat. Ob man die Riesenkristalle kaufen kann? Lukas von Känel wiegelt ab, das sei wie mit lieb gewonnenen Kunstwerken, die gebe man nicht so leicht her. Ab und zu leihen die von Känels eines der Prachtstücke für Therapiezwecke aus und ein beachtlicher Teil der Planggenstock-Funde ist im naturhistorischen Museum in Bern zu sehen. Wenn jemand ernsthaft einen der Riesenkristalle kaufen möchte, dann gilt es, im Bereich von 50.000 Franken zu verhandeln. Im Laden gibt es aber auch zahlreiche wunderschöne Handstücke – faustgroße Kristalle mit besonders schönen Spitzen und Formen, die gut in der Hand liegen und gerne auf dem Schreibtisch einen Platz finden. Die kleinsten Glücksfunde im Kristallkeller sind ab 3 Franken zu haben. So ist das funkelnde Glück für alle erschwinglich. Und wer möchte, kann natürlich auch selbst strahlen gehen, wie das Steinesuchen im Fachjargon heißt. Die Kristalle müssen aber zu einem wollen – nicht jeder findet sie. Es gilt, am richtigen Ort zu suchen und das kurze Aufblitzen einer Spitze in der Sonne dann auch zu sehen.

Lukas von Känel klettert oft im Hochgebirge, wo sich die Gletscher zurückziehen und neue, unstabile Gesteinsschichten preisgeben: „Die Berge fallen langsam auseinander und wir retten die Kristalle. Sie sind die Blumen der Erde. Wir pflücken sie, sobald sie zum Vorschein kommen.“ Sonst werden sie von der Witterung zu Kies und Sand gemalen und gelangen schließlich ins Meer. Bergkristalle sind von Natur aus immer sechseckig, so wie Bienenwaben oder Schneeflocken. Sie werden nicht geschliffen – das ist das Faszinierendste an den glasklaren Kristallen: Sie werden von Natur aus genau so geformt, wie wir sie kennen. Sie werden nur gewaschen, sonst wird nichts daran gemacht.

- Kristallkeller, Dorfstraße 27, 3713 Reichenbach im Kandertal, Tel. +41 3 36 76 18 73 www.kristallkeller.ch
- ÖPNV: ab Bahnhof Reichenbach im Kandertal ca. 2 Minuten Fußweg

Flauschiges Wollparadies

72 Im WollReich in Meiringen

Kuscheliger geht es nimmer! Im WollReich Haslital in Meirigen dreht sich alles um die Schafwolle. Hier gibt es ganze Wannen voll flauschiger Wollkugeln, die auf die Verarbeitung warten. Auch bereits gekardete und gefärbte Wolle in allen Varianten findet sich hier. Vor allem aber bietet der Laden wunderschöne Geschenke: von Schafmilchkosmetik über gefilzte Babysachen, Hausschuhe, bunte Hüte und Edelweiß-Broschen bis zu Lampen mit Filzschirmen und Laternchen. Alles ist in diesem Laden liebevoll arrangiert und man findet nebst hübschen Postkarten auch Informationen über die Schafe und die Verarbeitung der Wolle. Im WollReich lässt sich außerdem eine große Auswahl der bei Tourengängern und anderen Bergsportlern sehr beliebten Ortovox-Outdoor-Jacken und -Westen finden. Das WollReich Haslital ist eine der zentralen Sammelstellen für die Swisswool-Schafwolle, mit der die Ortovox-Kleider gefüttert werden. Auch für andere Wollprodukte aus Schweizer Produktion wird hier Wolle gesammelt, sortiert und gewaschen.

Inhaberin Ruth Brog, die das WollReich aufgebaut hat, bietet nebst Ware zum Spinnen und Filzen auch viele spannende Kurse an. Denn das Handwerk der Wollverarbeitung will erst einmal gelernt sein. Wer genau wissen will, wo die Haslitaler Schafwolle herkommt, kann im Sommer das Wollhaus in Oberzwirgi besuchen, das die Familie Brog nachhaltig umgebaut und mit Wolle isoliert und ausgestattet hat. Auch ein Besuch bei den Schafen auf der Alp wird angeboten. Verschiedene Ausflüge für kleinere und größere Gruppen, Familien oder Einzelpersonen sind möglich, sie reichen von leichten Wanderungen bis zu mehrtägigen Alpaufenthalten und einzigartigen Übernachtungen in Wollbetten im Wollhaus. Besonders empfehlenswert ist der dreitägige Kurs. Am ersten Tag wird Wissenswertes über Schafzucht und verschiedene Wollarten vermittelt, am zweiten Tag wird die frisch geschorene Wolle gewaschen und gekardet und am dritten Tag geht es dann ans Filzen. Ein Erlebnis, das durch die selbst gemachten Stücke besonders in Erinnerung bleibt.

TIPP

Im Winter ist beim Wollhaus Oberzwirgi romantisches Schneeschuhlaufen und ein Besuch im Stall angesagt.

- WollReich Haslital, Hauptstraße 10, 3860 Meiringen, Tel. +41 3 39 71 84 88 www.wollreich.ch
- ÖPNV: ab Bahnhof Meiringen ca. 2 Minuten Fußweg

DANKE!

Rast mit Wasserfall

73

Historisches Restaurant Pochtenfall im Suldtal

Das Berner Oberland ist reich an schönen Wasserfällen. Einer der spektakulärsten ist der Pochtenfall. 81 Meter tief schießt er über die Felsen hinunter und der Sog des Wassers scheint einen fast mit hinunterzuziehen. Zum Glück gibt es an allen exponierten Stellen solide Geländer, damit man sich festhalten kann, um das Schauspiel zu beobachten! Mit etwas Glück und zur richtigen Tageszeit bildet sich in der Gischt sogar ein Regenbogen! Zuhinterst im waldigen Suldtal liegt auch das Restaurant Pochtenfall mit seinem historischen Wasserrad und einer wunderschönen Terrasse. Hier kann man ausruhen und in eine vergangene Zeit eintauchen.

Was den Pochtenfall außerdem sehr attraktiv macht: Hier hinten im waldigen Suldtal ist die Luft von Feuchtigkeit geschwängert und angenehm kühl. Wer sich vom Wasserfall noch nicht genug erfrischt fühlt, findet der Suld entlang zahlreiche gut zugängliche Badestellen. Es gibt auch viele Grillplätze und lauschige Flecken, um sich in der kühlen Luft des Suldtals zu entspannen und die Energie des Wassers und dieser besonderen Landschaft in sich aufzunehmen. Das Suldtal ist ein richtig guter Ort für heiße Sommertage. Und wer weiß, vielleicht taucht plötzlich einer der Waschbären auf, die in dieser Gegend schon länger ein recht unbemerktes Dasein führen. Sie sind überaus schwierig zu finden, genauso wie der Luchs, der ebenfalls in diesem wilden Tal lebt, sich aber kaum den Gästen zeigt. Eher wird man das Adlerpaar sehen, das in der Höhe seine Kreise zieht, oder etwas weiter oben vielleicht auch die Schneehühner oder einen Auerhahn. So oder so ist das Suldtal ein Fleckchen Paradies auf Erden – oh, und wer im Juli kommt und ein wenig in die Höhe hinaufsteigt, kann hier ganze Felder voller blühender Paradieslilien finden!

Alt-Nationalrat Fritz Hari, der ehemalige Wirt des Restaurants Pochtenfall, war ein begnadeter Botaniker, der sich über die Jahrzehnte ausgiebig dem Schutz der Pflanzenwelt im Suldtal gewidmet hat. Heute führt seine Tochter Barbara den Betrieb.

TIPP

Im Suldtal blühen über 20 Sorten Orchideen, Paradieslilien, Edelweiß und viele andere Wildblumen.

- Restaurant Pochtenfall, Suldtal, 3703 Aeschi bei Spiez, Tel. +41 3 36 54 18 66 www.restaurant-pochtenfall.ch
- ÖPNV: Bus 67, Haltestelle Suld Pochtenfall

Pulver und Schwarzfahren

74 Steilpiste und Bond-Nostalgie am Schilthorn

Die schwärzeste aller schwarzen Pisten im Jungfraugebiet liegt am Schilthorn oben. Wer sich hier im Tempoglücksrausch den sorgsam präparierten weißen Schneeteppich hinunterstützt, sollte sicher auf seinen Brettern stehen. Für Geübte aber ist es ein Hochgefühl sondergleichen, diesen 75 Prozent steilen Gipfelhang auf fast 2.970 Metern hinunterzukurven beziehungsweise zu carven. Und wer Pulverschnee liebt, der oder die wird rechts und links der wohlpräparierten Piste mehr als selig werden – eine gute Hangneigung und perfekte Linien zwischen vorstehenden Felsen – hier hüpft das Herz aller Freerider und Freeriderinnen vor Freude! Dies gilt umso mehr, als das Schilthorn eher als Geheimtipp gilt und an diesen frisch verschneiten Hängen jeweils nicht gar so viel Konkurrenz herrscht wie anderswo an ähnlich attraktiven Locations. Das kleine, aber feine Skigebiet von Mürren ist nämlich nicht besonders mondän und eher von der ruhigen Sorte – große Après-Ski-Partys und Rambazamba sind nicht angesagt. Dafür kann man die Bergkulisse mit Eiger, Mönch und Jungfrau in Ruhe auf sich wirken lassen und einfach das Skifahren an sich sowie die Schönheit der Bergwelt genießen. Nebst der schwarzen Schilthornpiste lockt übrigens die fast ebenso steile und schwarze Kanonenrohrpiste die Gäste ins Dorf zurück.

TIPP
Beim Lift zum Drehrestaurant steht ein Briefkasten mit eigenem Poststempel für alle 007-Fans.

Wer nicht nur brennende Oberschenkel sucht, sondern auch in Filmnostalgie schwelgen möchte, wird am Schilthorn übrigens doppelt glücklich. Denn hier wurden im Winter 1968/69 die legendären James-Bond-Szenen aus „Im Geheimdienst Ihrer Majestät“ gedreht. Lokale Skilehrer fungierten damals als Doubles für die Filmstars und rasten auf ihren Latten in einer wilden Verfolgungsjagd die Berghänge nach Mürren hinunter. Ski-Fans werden sich mit Vergnügen an diese weltberühmten Filmszenen erinnern. Das Erbe von 007 wird auf dem Schilthorn liebevoll gepflegt und sowohl im Drehrestaurant mit Rundumpanorama wie im ganzen Gebäude erinnern witzige Ausstellungsstücke und diverse Gadgets an den großen Geheimagenten aus der Vergangenheit.

● Schilthorn, 3824 Stechelberg, Tel. +41 3 38 26 00 07
www.schilthorn.ch

● ÖPNV: Bus 141, Haltestelle Schilthornbahn, weiter mit Seilbahn, oder mit dem Auto über Lauterbrunnen nach Stechelberg, von dort führt die Luftseilbahn in das autofreie Mürren hinauf

Erfrischung zwischen Felsen

75 Die imposante Cholerenschlucht bei Adelboden

Auf einer einstündigen Wanderung von Adelboden über Außenschwand gelangt man zur Cholerenschlucht. Unbedingt den unteren Eingang benutzen, denn die schroffen Nagelfluhfelsen und das Wasserspektakel der Schlucht sind viel eindrücklicher, wenn diese von unten nach oben begangen wird. Hier liefert der Tschentenbach ein imposantes Schauspiel aus Wasserfällen, Windungen und Wassermühlen. Von der Erosion glatt geschliffene Felsformationen verstecken sich in einem verwunschenen Wald. Zuunterst befindet sich der Pochtenkessel, wo die Engstlige und der Otterebach in einem tosenden Spektakel zusammenfließen. Die Schlucht ist insgesamt rund 100 Meter lang und mit schmalen Brücken, Stegen und Treppen ausgebaut. An der engsten Stelle der Schlucht hängen zwei riesige Felsbrocken über dem Weg, die sich dramatisch zwischen Himmel und Abgrund verkeilt haben, und man beschleunigt automatisch die Schritte. Wer weiß, wann die Steinblöcke doch noch herunterfallen. Ein schöner Nervenkitzel! Zuoberst in der Schlucht gibt es als Zugabe noch eine nicht enden wollende, recht wacklige Wendeltreppe, die sich über den tosenden Wassermassen in die Höhe schraubt. Adrenalin pur! Dann ist aber Entspannung angesagt. Etwas unterhalb der Schlucht befindet sich der sogenannte Jungbrunnen, eine hübsche, gut ausgeschilderte Badestelle, wo man den Schweiß der Aufregung und alle Sorgen des Alltags abwaschen kann.

TIPP
Holzschnitzer Trummer bietet in seinem originellen Laden handgemachte Souvenirs und Glacé an.

Im unteren Bereich des Tschentenbachs, zwischen Pochtenkessel und Schlucht, finden sich weitere hübsche Badeplätzchen und kleine Wasserfälle. Wer gerne in einem wilden, felsigen Bachbett herumkraxelt, wird hier sein Glück finden. In der Cholerenschlucht ist noch nicht alles durchgeschleckt und für den Massentourismus zurechtgemacht. Den Zugang muss man ein wenig suchen – es gibt zwar mehrere Parkplätze, die sind aber von der Hauptstraße aus nicht groß angeschrieben. Dafür wird man mit einer der wildesten Schluchten der Schweiz belohnt und es hat gar nicht viele Leute hier (unübersichtlichen Wegen sei Dank!).

- Cholerenschlucht bei 3715 Adelboden, kurz vor Adelboden dem Schild zum Holzschnitzer folgen, dann kommt ein Gratis-Parkplatz, von dort ist der obere Zugang zur Schlucht einfach zu finden
- ÖPNV: Bus 230, Haltestelle Achseten/Tregel (ca. 5 Minuten Fußweg zum Pochtenkessel/unterer Eingang Schlucht)

Unter den wilden Felszacken

76

Tällihütte und Klettersteig oberhalb von Gadmen

So steil die Wände über Gadmen gen Himmel ragen, so einfach und bequem kommt man in die Tällihütte. Die Gondelbahn fährt im Selbstbedienungsbetrieb in nur 5 Minuten direkt bis zur Hütte hinauf. Verschiedene Wanderwege führen mehr oder weniger steil an atemberaubendem Panorama und reicher Bergblumenpracht vorbei. Seltene Orchideen und Türkenbundlilien blühen hier am Wegesrand. Über der Tällihütte erheben sich imposant die Zacken, Gendarme und Türme der Gadmer Dolomiten.

Hierher kommen passionierte Kletterer und jene, die die vertikale Kunst erlernen wollen. Die meisten reisen schon abends an, gönnen sich ein feines Nachtessen aus regionalen Produkten und machen sich am nächsten Morgen frisch gestärkt auf in die Felsen. Denn oberhalb der Tällihütte befindet sich der erste touristische Klettersteig der Schweiz, eingerichtet und gut instand gehalten vom Haslitaler Bergführerverein. Aber Achtung: Es ist ein fordernder Klettersteig. Die Kondition sollte idealerweise für eine achtstündige Tour reichen. Etwas Erfahrung ist ebenfalls von Vorteil. Anfänger sollten im Voraus einen Bergführer buchen, dann können sie alles Weitere direkt vor Ort lernen. Dafür braucht es Geduld, Durchhaltewillen und idealerweise einige Tage Zeit. Zeit zu haben ist hier oben sowieso eine gute Idee und es lohnt sich, gleich zwei oder drei Nächte zu bleiben und mit Kopf und Herz in die schroffe Landschaft einzutauchen, sich mit Haut und Haar auf Fels und Wetter einzulassen – sei es kletternd, wandernd oder mit einem Buch im Liegestuhl einen hausgemachten Sirup genießend. Koch Fabian Brunner macht übrigens fast alles selbst. Er kauft ganze Tiere von lokalen Bauern und verwertet jedes Stück des Fleisches mit viel Kreativität und Liebe zum Detail. Auch diverse Käsespezialitäten und viele weitere regionale Produkte weiß er gekonnt auf dem Teller in Szene zu setzen. In der Tällihütte zu essen ist eine wahre Gaumenfreude! Und in der gemütlichen Gaststube lässt es sich auch bei regnerischem Wetter bestens verweilen.

TIPP

Der Haslitaler Bergführerverein vermietet im Berghaus Tälli zehn komplette Klettersteig-Sets.

- Berghaus Tälli, Birchlaui 222, 3863 Gadmen, Tel. +41 3 39 75 14 10
  www.taelli.ch
  Parkplatz der Tällibahn kurz vor Gadmen benutzen
- ÖPNV: Bus 172, Haltestelle Gadmen/Tällibahn, ab dort Seilbahn

Die steilste aller Bahnen

77

In Guttannen mit der Gelmerbahn hinauf

Eine Bahn, die mit krassen 106 Grad Neigung über eine exponierte Felsflanke hinauf- und runterfährt? Ist das technisch überhaupt möglich? Und ist es auszuhalten? Bei der Gelmerbahn im Grimselgebiet kann man beide Fragen bejahen. Es ist die steilste offene Standseilbahn Europas, die jemals gebaut wurde. Und ja, die Fahrt ist auszuhalten – es macht sogar richtig Spaß. Ein Ritt mit der Gelmerbahn ist aber nichts für schwache Nerven! Die Abschrankung steht schon 5 Minuten vor Abfahrt offen, und wer den Mut hat, nimmt von Juni bis Oktober auf den sperrigen Bänken Platz. Eine Bahnbegleiterin schließt die Sicherheitsbügel und kontrolliert, dass auch wirklich alle Fahrgäste ordentlich sitzen. Dann drückt sie auf den Startknopf. Nun ruckelt und tuckert das knallrote Bähnchen langsam an der Felsflanke hinauf und man betet, dass die Seile alle halten mögen. Und natürlich tun sie das. Die Bahn ist ein technisches Meisterwerk der Ingenieurskunst. Ursprünglich wurde sie gebaut, um tonnenschwere Lasten zum Stausee hinaufzutransportieren.

12 Minuten nach dem Start und einiges Herzrasen später sind die 24 Fahrgäste sicher oben beim Gelmersee angekommen und verlassen das Bähnlein mit vielleicht noch schlottrigen Knien. Ein Spaziergang um den wunderschönen Stausee herum beruhigt die Gemüter. Und das ist auch nötig – denn hinunter ist die Fahrt sehr viel atemberaubender. Nun blicken die Fahrgäste von den gut gesicherten Bänken aus sprichwörtlich ins Nichts. Die Bahn fährt im Schneckentempo Meter für Meter in die Tiefe. Es scheint ewig zu dauern, bis sich dann irgendwann weit, weit unten doch noch die Talstation zeigen will, die mit hübschen, zum Rot der Bahn passenden Geranien geschmückt ist. Wer jetzt noch nicht genug Nervenkitzel und Adrenalin bekommen hat, kann sich bei der Talstation gleich noch auf die Hängebrücke wagen, die die Straße überquert und die gern für abenteuerliche Selfies benutzt wird. Alle anderen werden im Laden einen hausgemachten Sirup oder ein Stück Käse aus der Region kaufen und erst einmal tief durchatmen. Uff, geschafft – und es hat sich gelohnt!

TIPP

Die Gelmerbahn online reservieren und 15 Minuten vor der gebuchten Fahrt vor Ort sein.

● Gelmerbahn, 3864 Guttannen
www.grimselwelt.ch
● ÖPNV: Postauto 171, Haltestelle Handegg/Gelmerbahn

#GRIMSELWELT

Gemecker ob Grindelwald

78

Bei den glücklichen Geißen auf dem Steessiboden

Geißen sind neugierig und ganz versessen darauf, gestreichelt zu werden, wie ein Besuch in Grindelwald zeigt. Auf der Alp Steessiboden (1.820 Meter) sömmern Martina Haller und ihre Zusennen 65 Ziegen der Rasse Oberhasli-Brienzer. Die Hirten führen die Milchgeißen am Tag aus – und manchmal scheint es auch umgekehrt, dass die Geißen die Sennen ausführen. Sie kraxeln Berghänge hoch, knabbern Blumen und Kräuter, streifen durch Wälder und rasten, wo es ihnen gefällt. Morgens und abends werden sie gemolken, die Nacht verbringen sie im Holzstall bei der Alp. Die Milch verarbeiten die Sennen direkt auf der Alp in einer kleinen modernen Käserei zu Mutschli und Frischkäse. Von Anfang Juli bis Mitte September bietet Grindelwald einmal wöchentlich einen Besuch auf der Ziegenalp an. Eine Reservierung ist bis am Sonntag um 14 Uhr möglich. Am Montag fährt der Bergbus 126 um 13:50 Uhr auf dem Bärplatz Richtung Bussalp los. Bei der Haltestelle Holzmattläger holt der Senn die Besucher ab und führt sie auf einem rund halbstündigen Fußmarsch zu Hirt und Ziegen. Verfehlen kann man sie kaum, ihre fröhlichen Glocken sind schon von Weitem zu hören. Die Tiere sind zutraulich und mögen Besucher. Einige beschnuppern die Hände, reiben den Kopf an Hosenbeinen und lassen sich kraulen. Im Nullkommanichts fällt man aus dem Alltag mitten in die beruhigende Natur. Hier riecht man die Erde, hört dem Gemecker der Geißen zu und fragt sich, worüber sie sich unterhalten. Unterhalten kann man sich auch mit dem Hirten. Er erzählt, weshalb er den Bergsommer der Karriere vorzieht, wie die Milch zu Käse wird und wo die Ziegen im Winter wohnen. Dann wird es Zeit, zur Alp zurückzukehren, wo Hühner über den Hof spazieren und Schweine in der Erde wühlen. Natürlich gibt es einen Einblick in die Käserei und in den Spycher, wo der Käse gelagert wird. Später werden die Gäste wieder zum Bus begleitet, damit sie mit dem letzten Bus um 18 Uhr bequem ins Tal fahren können.

TIPP

Geißen hüten ist Wellness für die Seele – individuelle Termine können direkt gebucht werden.

● Ziegensenntum Steessiboden, 3818 Grindelwald, Tel. +41 79 627 29 91
www.steessiboden.ch, Reservierung Geißen hüten: www.grindelwald.swiss
● ÖPNV: Bus 126, Haltestelle Grindelwald/Holzmattenläger

Historisch schlafen

79 Schlafen und essen im Ruedihus in Kandersteg

Das Ruedihus steht leicht verborgen hinter einer Colline am Ende des Kandertals. Kenner, Genießer, Wanderer und Antiquitätenliebhaber kehren im Restaurant und Hotel ein. Ebenfalls Altbundesrat Adolf Ogi, ein Freund von Besitzer René Maeder. Der Bundesrat zeigte vielen Weltpolitikern, Königsfamilien und Aristokraten seine Heimat und kehrte hierfür nicht selten im Ruedihus ein. Beispielsweise mit Kofi Annan, Prinz Charles oder dem Königspaar von Belgien. Doch weshalb sind Menschen unterschiedlichster Gesellschaftsschichten im Ruedihus glücklich? René Maeder glaubt, es sei die Beständigkeit des Hauses.

Das Chalet wurde 1753 als luxuriöses Wohnhaus eines Berner Abgeordneten erbaut. Die Fassade ist mit geschnitzten und bemalten Ornamenten reich verziert. Die kostbaren Türen mit Intarsien oder Malereien deuten auf Geschenke bedeutungsvoller Familien in der Region hin, weitere Zeitzeugen sind Familienwappen auf den Butzenfenstern. Dreimal brannte das Chalet in seiner bald 300-jährigen Geschichte, es ist also ein großes Glück, dass sich die Fassade des Hauses noch im Originalzustand befindet. Einer Legende zufolge soll es dem Allermannsharnisch zu verdanken sein, der unter der Schwelle einer Türe eingelassen worden war. Das Lauchgewächs soll nach altem Glauben Schutz bieten – beispielsweise auch den Söldnern des Spätmittelalters.

TIPP

Im Barockgarten gibt es einen Ricola-Kräutergarten mit Wettbewerb.

Die liebevoll erhaltene Schönheit der Fassade wird bei der Inneneinrichtung fortgeführt. Antike Pendeluhren, von Hand betriebene Nähmaschinen und hübsche elektrische Öfen der ersten Generation verströmen einen fast vergessenen Charme. Auch in den niederen Hotelzimmern fühlt man sich sofort wohl. Ob es den antiken Betten und den original nachgebauten Himmelbetten geschuldet ist? Im Ruedihus hört die Entdeckungsreise nie auf: Kleine Beispiele sind der Garten im Barockstil, die gutbürgerliche Küche mit Spezialitäten aus der Region und die Vacherin Glace, eine fast in Vergessenheit geratene Schweizer Spezialität, die im Ruedihus traditionsgemäß mit Meringue und Rahm serviert wird.

- Landgasthof Ruedihus, Hinder de Büele 6, 3718 Kandersteg, Tel. +41 3 36 75 81 81 www.doldenhorn-ruedihus.ch
- ÖPNV: Bus 241, Haltestelle Kandersteg/Ruedi Hus

Glück auf zwei E-Bike-Reifen

80 Höhenweg von der Großen Scheidegg zum Bachalpsee

Mit dem Fahrrad von Grindelwald auf die Große Scheidegg, das ist eher etwas für Sportliche – könnte man meinen. Mit dem E-Bike sind die 900 Meter ein Klacks. In einer hohen Kadenz strampelt es sich leicht die gewundene Passstraße hoch (Mountainbike Route 341 Bachalpsee). Doch nicht zu schnell, denn unterwegs sollte dem Wetterhorn auf der rechten Seite genug Beachtung geschenkt werden, dessen Flanke vor den Augen in die Höhe schießt. Erst später zeigt sich der Gletscher, der sich wie eine Stola um den Gipfel legt. Auf der einen Seite der Passhöhe liegen Grindelwald, die Kleine Scheidegg und Eiger, auf der anderen Seite das liebliche Reichenbachtal, hinter einer Anhöhe vermutet man Meiringen.

Das Bergpanorama auf dem Höhenweg von der Großen Scheidegg zur First ist einmalig. Es lädt ein, die Felslandschaften sowie Gletschermeere auf sich wirken zu lassen. Alle paar Hundert Meter verändert sich der Blickwinkel – der Mönch verschwindet hinter dem Eiger, dafür zeigt sich plötzlich das Schreckhorn. Manchmal steht man mitten in grasenden Simmentaler Kühen oder neben Walliser Eringern. Später führt der Weg am Murmeliweg vorbei und mitten in den First-Zirkus – bei der Bergstation First ist immer viel los und sie nennt sich aufgrund des erlebnisorientierten Angebots „Top of Adventure". Wer schnelle Abenteuerfahrten mag, gleitet mit dem Firstflieger kopfüber am Seil ins Tal. Wer Höhenangst hat, darf sich auf dem Cliff Walk seinen Ängsten stellen – es lohnt sich! Um einiges beschaulicher ist jedoch der Bachalpsee, nur 15 E-Bike-Minuten von der First entfernt. Am Tag treffen sich dort einige Ausflügler, die mit der Firstbahn hochfahren, im hinteren Teil des Sees ist es in der Regel jedoch ruhiger. Hier lässt es sich aushalten: Es blühen duftende Sumpfdotterblumen und oberhalb des Sees, am sprudelnden Bach sitzend, lässt sich das Schreckhorn als Spiegelbild betrachten. Geübte Biker jagen danach auf der anspruchsvollen Route 341 über Stock und Stein ins Tal. Die anderen begeben sich zurück zur First, fahren dort der Forststraße folgend sicher und garantiert glücklich ins Tal.

TIPP

Frühmorgens oder am späteren Nachmittag hat man den Bachalpsee oft fast für sich alleine.

- Backdoorshop, Dorfstraße 179, 3818 Grindelwald, Tel. +41 3 38 53 09 70 www.backdoorshop.ch
- ÖPNV: Bus 121, 122, 123, 128, Haltestelle Grindelwald/First Bahn

Für Jeanne Rose und Olivia

Bibliografische Informationen der Deutschen Nationalbibliothek
Die Deutsche Nationalbibliothek verzeichnet diese Publikation in der Deutschen Nationalbibliografie; detaillierte bibliografische Daten sind im Internet über http://dnb.d-nb.de abrufbar.

Konzeption/Satz: Droste Verlag, Düsseldorf
Einbandgestaltung und Illustrationen: Britta Rungwerth, Düsseldorf, unter Verwendung von Bildern von © Fotolia.com: jd - photodesign.de; © iStock: Plociennik Robert
Fotos: Blanca Burri: S. 9, 11, 15, 17, 21, 23, 25, 27, 29, 31, 33, 37, 43, 53, 55, 59, 61, 65, 71, 77, 81, 97, 99, 105, 107, 109, 121, 123, 125, 127, 129, 131, 135, 151, 161, 163, 165, 167; Sabine Reber: S. 13, 35, 41, 45, 47, 49, 51, 57, 63, 67, 79, 83, 85, 89, 95, 103, 113, 115, 119, 133, 137, 141, 143, 147, 149, 153, 155, 157, 159; Niesenbahn: S. 19; Gstaad Palace: S. 39; Interlaken Tourismus: S. 69; Kulturgarage Interlaken: S. 73; Gadmer Lodge: S. 75; Jungfrau Region Tourismus AG: S. 87; Pascal Stern: S. 91, 117, 145; Lenk-Simmental Tourismus: S. 93; IG Ecocapsule: S. 101; SPA Resort Lenkerhof: S. 111; Tourismus Adelboden-Lenk-Kandersteg (TALK): S. 139

FSC www.fsc.org MIX Papier aus verantwortungsvollen Quellen FSC® C011279

Druck und Bindung: LUC GmbH, Greven
ISBN 978-3-7700-2302-8

www.droste-verlag.de